贰阅
ERYUE
阅爱·阅美好

让阅读走心
让阅历丰盛

从退缩到成长

发展你自己

林紫◎著

广东旅游出版社
GUANGDONG TRAVEL & TOURISM PRESS
悦读书·悦旅行·悦享人生
中国·广州

图书在版编目（CIP）数据

从退缩到成长：发展你自己 / 林紫著．—广州：广东旅游出版社，2020.5

（我们内心的焦虑）

ISBN 978-7-5570-2065-1

Ⅰ．①从…　Ⅱ．①林…　Ⅲ．①自我完善化—通俗读物　Ⅳ．①C912.1-49

中国版本图书馆 CIP 数据核字（2019）第 262231 号

从退缩到成长：发展你自己

Cong Tuisuo Dao Chengzhang：Fazhan Ni Ziji

广东旅游出版社出版发行

（广州市环市东路 338 号银政大厦西楼 12 楼　　邮编：510180）

印刷：北京晨旭印刷厂

（地址：北京市密云县西田各庄镇西田各庄村）

邮购地址：广州市环市东路 338 号银政大厦西楼 12 楼

联系电话：020-87347732　　邮编：510180

880 毫米 ×1230 毫米　　32 开　　6.75 印张　　133 千字

2020 年 5 月第 1 版第 1 次印刷

定价：45.00 元

目录

第 2 章

成长计划：找到性格优势

〈 MBTI 〉

第 3 章

爱情养成：经营亲密关系

〈 亲密关系 〉

第 4 章
生涯规划：确定职业方向
〈 霍兰德职业倾向 〉

第 5 章

情商修炼：处理复杂人际

〈 萨提亚家庭理论 〉

〈 自 序 〉

你太过焦虑，是因为从未与自己在一起

你好，我是林紫。1998 年，我创办了中国早期的非药物心理咨询机构——林紫心理机构。20 多年来，我做过 2 万多小时的个案咨询、800 多小时的团体辅导及上千场心理讲座。我和团队一起，见证了中国心理咨询行业从无到有的发展。

20 多年的心理工作中，我接触了太多人的焦虑：父母为儿女焦虑，儿女为学业焦虑；老板为企业焦虑，员工为业绩焦虑；丈夫为家庭财富焦虑，妻子为婚姻关系焦虑……

同时，所有人似乎都在忙着赶路，头脑里反复念着“快点、快点”，心里却慌张而惶恐，不知道自己最后究竟能够得到些什么。

所有焦虑的背后，都隐藏着三个古老的话题：我是谁？我从哪里来？我要到哪里去？

- 不清楚我是谁，所以把自己的价值放到他人和他物之上。
- 不清楚我从哪里来，所以解不开自己身上重重叠加的期待与捆绑。
- 不清楚我要到哪里去，所以时时刻刻担心着未来会怎样……

这三个话题听起来很形而上，好像一辈子也说不清。也有人觉得这些是哲学题，就留给哲学家去思考吧。

其实，心理学领域有许多实实在在的观点和方法，可以帮你厘清思路、摆脱焦虑。

心理学帮你防患于未然，避免不必要的焦虑

20多年来，我和我的团队服务过外交部、公安部的机关干部，300多家世界500强企业的员工，也先后参与过汶川地震、马来西亚航班失联等灾难背后的公益心理援助。我发现，有太多的心灵伤痛、问题和遗憾，都可以通过早一点了解心理学而加以避免。

几年前，我去南方给上千位家长讲课，听到一个令人十分心痛的真实故事。

一对夫妻想要生两个孩子，但当时国家还没有开放二孩政策，超生要罚许多款。夫妻俩东躲西藏，偷偷生下第二个孩子之后，把孩子悄悄藏在家里。不许孩子大声哭泣，不带孩子出门玩耍，

四五年时间，孩子甚至连太阳都没有晒过。

渐渐地，夫妻俩发现不对劲了，孩子5岁了还不会讲话，不跟家人互动，每天只是一个人缩在角落里，稍微有点声音就浑身发抖。夫妻俩害怕了，冒着被罚款的风险带孩子四处求医，但所有的医生都对他们摇头，说孩子废了，治不了了。

试想，如果这对夫妻早一点知道，剥夺一个孩子哭泣的权利、剥夺孩子健康成长所需的自由和与外界的互动，对孩子的心灵会造成不可逆的巨大伤害的话，他们又怎么忍心亲手废了自己得之不易的孩子呢？

在一次公安部的危机干预培训课上，一位警官课后找到我，说两年前他曾成功救下一名准备跳天桥自杀的少女，少女活了，他却发现自己越来越低落了。少女当时绝望的表情时不时就会闪现在他眼前，让他甚至也产生了站上天桥跳下去的冲动。他说，假如两年前就知道这是心理问题，了解经历危机事件后每个当事人都需要心理干预的话，他会早点寻求帮助，就不必忍受长期失眠的痛苦，更不会因为抑郁而与女朋友分手了。

在汶川地震的灾后心理重建工作中，我还陪伴过这样一个家庭。

这是一个四口之家。地震发生前，父母带着11个月的小女儿在外地打工，留下两岁的大女儿和外婆一起生活。地震中大女儿和外婆不幸遇难，爸爸万分悲痛和自责，开始抽烟、喝酒，喝醉了就骂妻子、打小女儿，对小女儿产生了强烈的愤怒和排斥，不允许小女儿叫爸爸……

妈妈哭着说，小女儿以前从未生过病，但地震之后开始变得越来越虚弱，不停地生病，越是生病，丈夫就越是暴躁，这个家看来要彻底散了……爸爸则愤怒地说，都是你们娘儿俩老惹我生气，这样的家，早点散了的好！

我邀请这位爸爸与我单独交流，帮助他一步步地看到：问题真正的根源在于丧女之痛下没有来得及面对和处理的各种复杂情绪，在于整个家庭都需要的创伤修复。幸运的是，当我们所在的安置点最终撤除时，这位爸爸已经能够重新拥抱小女儿，所有家庭成员又站在一起了。这位妈妈说，幸好遇到了我们，不然她都想带着小女儿自杀了。

幸好，有心理学。心理学本质上就是帮你防患于未然，让你在焦虑来临之前能够平静面对。所以，我有一个越来越强烈的愿望，那就是：将更多的精力放到心理学的普及和早期教育上，预防胜于治疗，让更多非心理学专业的朋友，有机会系统地学点对自己有用的心理学。

心理学帮你找到内在原因，避免过度焦虑

不焦虑的人生，并不是完全没有焦虑。适度的焦虑和压力可

以成为动力，过度而持久的焦虑，却会让生命之河干枯。有时候，我们无法摆脱焦虑，是因为烦恼千头万绪，找不到焦虑的根源所在。

举个例子。2018 年世界杯，最令球迷关注和心疼的，莫过于世界顶级球员之一的梅西。在之前的其他热身赛上，梅西频繁出现恶心、干呕的情况。心理学家莫雷哈指出，“恶心是焦虑症的典型症状”。

莫雷哈在分析中进一步补充：“焦虑的根源，极大可能是个人问题，并不一定是球场上的压力所致。诉讼官司、债务问题、家庭纠纷及孩子的出生等，都包括其中。其实运动员也是普通人，在高强度的比赛中，所有这些都会同时涌向你。”莫雷哈给巴萨俱乐部的建议是，要为球员们进行适当的心理疏导。

在人生的球场上，你是运动员，也是观众；你需要看到哪些压力来自球场内，哪些压力来自球场外，并厘清内外的纷扰。这样才能赢得超越自我的比赛。

心理学让你摆脱焦虑，生活得更好一点

很多人觉得，心理学很神秘，离生活很远。在我看来，心理学从来都不是高高在上的，它不是心理学家的专属品，而属于每个人；心理学的价值也不只是解决问题，它更大的价值其实是让每个人都能生活得更好一点。

生活得更好一点，意味着内在有更充足的安全感，外在表现得更从容、不焦虑；意味着无论遇到怎样的挑战，内心都十足自信与笃定，有力量成为自己，过自己想要的一生。

英文里有个词叫 well-being，最能贴近我想要表达的状态。中文将它翻译成“幸福”，实际上它比 happiness 所表达的幸福还要多一点，包括：健康、满足、接纳、祥和、心灵自由。

学习心理学，可以让你了解自己的人格特质和职业倾向，找准自己的位置；可以让你改善自己的沟通模式，重建亲密关系；还可以增强你的心理弹性，扩展你的精神视野，帮助你面对挫折和危机；最终可以逐步修复你的内在安全感，让你的心灵更安宁，更愿意跟自己在一起。

怎样才能到达 well-being 的状态呢？我将自己 20 多年来积累的案例故事和所思所感凝聚成“我们内心的焦虑”系列书籍。

在这一系列书籍中，我们将一起跨越心灵的四季——第一季，《从迷茫到清晰：认识你自己》；第二季，《从退缩到成长：发展你自己》；第三季，《从自卑到自信：超越你自己》；第四季，《从完美到真实：放过你自己》。本书为第二季。

认识你自己，就像从各个角度清楚地看见泥土下埋着一颗怎样的种子。发展你自己，则是给这颗叫作自我的种子松土、施肥、浇水，静待花开的过程。超越你自己，是指在自我发展的道路上有荆棘、有打击，还有这样那样的人生挑战和问题等着你，你要敢于超越它们。然而，最终你还要修炼，学会放过自己。因为经历了前三站的旅程，你会发现，无论你多么努力，多么渴望成为理想的自己，人生还是会有这样那样的遗憾和不完满。真正不焦虑的人生，不是我们找到了所有问题的答案，而是允许没有答案的问题存在，同时接纳自己生而为人的局限。

每一季里，都有五个话题围绕主题依次展开。我会围绕你最关心的生活场景作为切入口，并悉心挑选与你最有关联的心理学知识点、案例故事和实用小工具，帮助你所学即所用，系统地梳理自己、梳理生活。同时，每章还会有一个彩蛋，“敲开”问题与你互动。这四季，我会带着你层层递进，逐渐以更广阔的视角、更多元的维度来学习。

与此同时，我也想告诉你，就像任何一门学科一样，心理学也有自己的局限。它的任何理论都是基于某种假设，为我们揭示的是生命的可能性，而非唯一性。它只是我们了解自己、了解他人和世界的通道与可能性之一。它回答不了，也解决不了所有人生问题。

不焦虑的人生没有标准答案。希望通过这一系列书，你能成为自己问题的解决专家，更能成为接纳自己不完美，但有着完整的生命旅程的well-being新贵。希望你可以更清晰地了解自己，形成自己的人生观，坚定自己的方向，选择自己的路径，过好自己仅此一家别无分号的人生。

我更希望你读完后，可以合上眼睛、安然入睡，可以枕着自己的小确幸会心一笑地说：“心理学没有让我成仙，却真的让我感受到了‘脚踏实地、仰望星空’。”

“但愿世间人无病，何愁架上药生尘。”

愿书中文字传递专业与爱，让你的生命如花，次第开放。

需要特别说明的是：为了在保护隐私的同时，能够帮助你加深理解，我在这套书里分享的所有案例，都是结合日常生活中大家常见的现象加以虚拟或合成的。愿你通过他人的故事解读自己的人生。同时，书中列举和引用的心理学实验、数据等，也可能会随着时间和研究的推进而不断更新，请你在阅读时结合最新的科研成果，客观理性地加以理解和运用。书中未能穷尽及难免疏漏之处，还请多多包涵和指出，我和编辑老师将加以修正和补充。

愿：万物生生不息、我们心心相印。

感恩大家，祝福大家。

CHAPTER ONE

第 1 章

心灵探测：定位发展阶段

〈 埃里克森八阶段 〉

01
你听过的歌曲藏着你成长的秘密

〈 情绪记忆 〉

对自己有了更加宽广和深入的认识了解之后，我们的人生任务之一，就是主动发展自己，而不是被动地等待被发展。就像大家常引用的那句话：“鸡蛋，从外打破是食物，从内打破是生命。**人生，从外打破是压力，从内打破则是成长。**”

怎样让自己从内而外破壳而出，活出更多的可能性呢？

这里有一条最轻松的线索，试一试通过自己熟悉的歌曲和音乐，来了解自己过往的自我发展轨迹和未来可以拓展的空间。

先跟大家分享两个我接触过的自闭症孩子的案例。

1998年，我在上海市残联特殊儿童指导中心参与日本心理专家的“动作疗法”研讨会，会议有两天是与十几个3～6岁的自闭症孩子一起度过。这些孩子看着都很可爱，其中有一个4岁的男孩，大大的眼睛，白白的皮肤，让人想起那个美丽而深情的称呼——“天使的孩子”。

“天使的孩子”有着自闭症儿童典型的特征表现：没有目光接触，无法与人交往。任爸妈和老师怎么引导，他都只自顾自默默地呆坐在地板上。

我静静地在孩子对面坐下来，试着轻轻拍手、轻轻哼唱各种随口改编的歌，当不经意间唱到“对面的孩子看过来、看过来”时，孩子突然开心地笑了，紧跟着竟然也拍着小手唱了起来。

孩子的父母非常激动，虽然我无法向他们解释为什么，但歌曲让他们看到了打开孩子封闭心灵的希望之光。

2016年，我去拜访一所微型的华德福学校，遇到一个19岁的男“助教”，他从4岁起一直在做自闭症的康复训练。他看到我们非常开心，主动迎上来打招呼，一字一句非常费力地介绍自己，告诉我们他很喜欢唱歌和弹琴。

我们盘腿而坐，鼓掌请他来一曲，他自豪而又自信地打开琴盖，行云流水地一边演奏一边高声唱他最喜欢的《你是我的眼》：“如果我能看得见 / 生命也许完全不同……你是我的眼 / 带我穿越拥挤的人潮 / 让我看见这世界就在我眼前……”

随行的几位老师都感动得掉眼泪，为这个自闭症男孩的乐观、努力和纯净。他无法用流畅的语言向我们阐述他的经历和感悟，但他演唱的歌曲，却让我们知道：他一直都在尽最大的努力向这个世界靠近。

歌曲或者其他形式的音乐，之所以有这么大的魔力，是因为它们可以直指人心、避开意识层面的理性阻挡，打开你的潜意识并且成为你潜意识的一部分；同时，它们能在一瞬间重新带你回到最初听它时的情境中，唤起你的情绪性记忆。

情绪性记忆，是对曾经体验过的情绪和情感的记忆，存储在我们大脑中与杏仁核相连接的扣带回和海马旁回皮层中。当恐惧感增强时，大脑左杏仁核活动增强，而当幸福感增加时，左杏仁核活动减弱。

情绪性记忆与一个人的成长、行为、知觉、信念、目标，甚至自我和心理健康状况等都有很大的相关性。很多时候，虽然引起情绪和情感的事件已经过去，但情绪和情感的体验可保存在记忆中。在一定条件下，这种情绪和情感又会重新被体验到。

举个例子，很多人听到自己童年熟悉的歌谣时，会产生莫名的兴奋和幸福感，会情不自禁地跟着哼唱，有的还会摇头晃脑，好像一下就回到了小时候。如果你问他具体想起了什么，他可能很难准确地描述出某个事件，但一些伴随温暖情绪的画面却会叠加着出现在脑海中。

同样，很多人听到伤感情歌的时候，也会产生莫名的心痛、遗憾等，脑海中或许会有各种画面闪回，但时过境迁，具体的情节其实都已经模糊了。

我曾经反复传播一个重要信息：**情绪性记忆比对知识的记忆更能决定一个人的成长和一生的幸福感。**

一个情感细腻的香港男孩曾经告诉我，他对流水声有种强烈的好感，原因是他的妈妈当年迫于生计逃去香港，不知道在黑暗的船舱里躲了多久才终于听到了流水声，知道香港要到了。从此以后，妈妈每回听到水声都会很欣喜、放松，多年后他出生了，妈妈讲给他听，于是他就从妈妈那里“继承”了这份特殊的情绪性记忆。

也有相反的例子。我曾经陪伴过某次大火事件的几个遇难者家庭，这些家庭的第一个孩子当年在汇报演出时因为舞台起火而永远地离开了他们，若干年后他们有了第二个孩子，每当孩子唱起哥哥姐姐当年唱过的歌曲时，妈妈们就会反应过度地厉声制止，因为这些歌曲既让她们因为想起逝去的孩子而心碎，又让她们极度恐惧再失去第二个孩子。

虽然歌曲本身和火灾没有直接关系，但唤起了她们灾难性的记忆。

那么，在我们长长短短的过往人生中，都储存着哪些对我们有影响的情绪记忆呢？回忆和整理我们听过的歌曲，可以帮助我们更清楚地理清来龙与去脉，更好地发展自己。

请你让自己安静下来，回忆一下从小到大，对你影响最大的一首歌曲是什么？哪首歌曲会碰触到你心里最柔软的部分？哪首歌曲会唤起你的伤感？不要着急，好好想一想，然后写下来，看看这些歌曲背后藏着你怎样的成长秘密。

先来看对你影响最大的歌曲。不同年代的人，有自己不同的记忆。我父母那一辈，年轻时听得最多的是革命样板戏，所以对我妈妈影响最大的一句歌词是《沙家浜》里阿庆嫂唱的“过后不思量”。这句台词让原本细腻敏感的她，硬是发展出了应对那个年代各种苦难的坚强力量，成为她人格发展的一部分。

而我的“80后”表妹，则是听着Beyond的歌长大的，乐队主唱黄家驹不幸逝世后，刚刚进入青春期的表妹曾经忧伤地说：“家驹都死了，人生只能颓了。”不过事实是，她和大多数“80后”一样，并没有真的颓废下去，而是继续在Beyond乐队的励志歌曲的激励下不断成长。

我的一位“90后”来访者，他最喜欢的歌曲是上海彩虹室内合唱团的《感觉身体被掏空》，因为这首歌让他感觉“丧丧的”。每唱一次，他心底里“不要加班”的声音就会又强烈一些，直到冲动之下辞了职，才发现自己其实并没有想好下一步往哪里去。

再来看碰触到你心里最柔软部分的歌曲。这样的歌曲背后，往往站着一个最爱你或者你最爱的人。你身处人生低谷或者感觉孤独的时候，听一听、唱一唱，爱的温暖会逐渐带给你希望。

一位有睡眠障碍的来访者，来见我之前通过吃药、运动甚至喝酒，都没有办法顺利入睡。我们在咨询中一起回忆了她记忆中睡得最香的时刻，那是小时候外婆摇着蒲扇给她唱《摇啊摇，摇到外婆桥》的时候，于是这首歌重新成了她的睡眠“神器”。

至于让人伤感的歌曲，通常与一个人的情感经历有关。梳理这些歌曲背后的故事，有助于你更好地经营当下的亲密关系。

十几年前，我给复旦研究生院的学生们讲“左手学业，右手爱情”的时候，举过一个案例。一个女孩在众多追求者中，接受了其中一个男孩的追求，原来这个男孩唱着“我的爱是折下自己的翅膀，送给你飞翔”打动了她。可是相处没多久，她就发现，男孩动不动就会“折翅”，用夸张和极端的方式来表达感情。比如：非要饿着肚子等她下课，动不动就扇自己的脸，为了一点小事就当众给她下跪……女孩开始害怕了，问我他为什么会这样。我告诉她：男孩用来表达爱恋的歌词，其实恰恰透露了男孩子“焦虑 - 控制型”的依恋模式和潜在的自虐倾向，听起来很感人，相处起来却会很伤人。

○练习

我们每个人终有一天要离开这个世界，当这一天来临，假如你可以选择一首歌曲或者一段乐曲陪伴你生命的最后时刻的话，你会选择哪一首？让自己静下来，好好听听心里的声音。

02 童年和妈妈的关系如何影响你未来的婚姻

〈 依恋关系 〉

为自己选择一首临终乐曲，这个话题听起来有些沉重。也许你有些好奇，为什么要做这样的练习呢？

事实上，发展自己的最佳策略之一是以终为始——当你能够为自己的终点定下基调，想清楚什么对自己来说才是最重要的，那么人生各个阶段的取舍和决策，也就有了主旋律。

比如一位女性来访者，因为丈夫选择出国发展，而她自己既舍不得放下刚刚开始起步的事业，又害怕两地分居出现婚姻裂痕，开始整夜失眠，纠结不已。我们一起做了这个练习，她选择李叔同（弘一法师）的《送别》作为自己的临终乐曲，因为这是她的外公生前最爱唱的歌曲，而外公是她童年最亲近的人。她想象在人生的终点听这首歌，可以让她重温外公的爱，面对死亡就会感觉到平静而无所畏惧。

我问她："跟外公相比，丈夫在你心中的情感位置是怎样的呢？”她说：“和外公一样重要。”我又问她：“如果你人生最终的选择是在情感连接中回归平静，那么现在的你，做什么样的选择才不会让将来的自己后悔呢？”

答案显而易见——虽然事业让当下这个阶段的她感到满足而难以割舍，但她内心深处更加看重的是情感。意识到这一点，她就不再觉得放弃国内事业的发展是被动的牺牲了。

当选择变成主动而不是被迫，内心的冲突纠结就转化成了指向未来的行动方案。她为自己重新规划了一条自我发展路径——出国后先找学校再读一个学位，以缓解事业骤停的焦虑感，同时为将来新的机会做准备。

这位来访者是幸运的，因为童年最亲近的人给了她足够的安全感，让她有能力在成年后也可以建立安全的依恋模式——既能维护情感，又不失去自我。

另一位来访者则经受了更多的考验。同样是女性，同样因为丈夫工作变动而举家搬迁，她一直抱怨连天，内心充满责备和愤怒，觉得丈夫从来不考虑自己的感受。丈夫委屈地说：“当初跟你商量的时候，你怎么不说反对呢？”她说：“我说了又有什么用？！还不都是你们说了算，没有一个人会在乎我的需要！”

我问她，“你们”都包括哪些人，她说，爷爷奶奶、爸爸妈妈、老师同学、上司同事，所有人都是这样的。小时候父母忙，把她送回老家由爷爷奶奶照顾，爷爷奶奶眼里只有孙子没有孙女；长大一点回到父母身边，发现在父母身边长大的妹妹才是公主，自己连吃块饼干都要看妹妹脸色。她不断努力想要证明自己比妹妹更优秀，但即使考上更好的大学、赚到更多的薪水、更孝顺体贴，父母却仍然把更多的爱无条件给了妹妹……从小到大，她从没有感觉到谁跟自己特别亲近，好像她在所有人眼里都可有可无。

跟第一位来访者相比，第二位来访者的亲密关系似乎先天不足，心理学家将这种情况称作“不安全的依恋模式”。

依恋模式是决定人与人之间情感纽带的关键，决定了从早期的亲子情感关系到成年之后的亲密关系等一系列的人际情感关联。

假如我们在童年被过度照料或者严重缺乏照料，就可能会形成不同的依恋模式。如果过度被关注，或者严重缺乏关注，有的人在成年之后会终身寻求重要他人的肯定、爱恋，会变得喜怒无常，常常充满希望又陷入绝望，会对一段关系非常抓狂，很想要有所监控。尤其是发展为伴侣关系时，甚至会仅仅因为对方没有夸自己的菜做得好吃，就开始担心“你是不是要离开我，不爱我了”。

最早进行依恋模式研究的，是美国心理学家哈利·哈洛。他的“恒河猴实验”让人们清晰地看到，当小猴和母亲分开来被单独饲养时，它会长期处于焦虑和抑郁状态。

英国心理学家约翰·鲍尔比和他的学生玛丽·爱因斯沃斯则进行了著名的“陌生环境”实验。他们让几个幼儿分别经历母亲陪伴、母亲离开以及母亲返回三种状态，发现婴儿们的反应各不相同。根据不同的反应，依恋模式被分为几种不同的类型。

（1）安全型依恋模式。安全型依恋模式的幼儿在有母亲陪伴的时候，会对所处的环境充满好奇，大胆探索，也能与母亲互动玩耍。当母亲离开时，幼儿先是会表现出不安和依恋，接着又慢慢平静下来自己玩耍。等母亲重新返回，幼儿会开心兴奋地拥抱母亲，接受母亲的安抚。这一类孩子，母亲通常会随时为他们提供安全的依恋环境，对他们的需求给予及时和恰当的满足。

（2）焦虑 - 控制型依恋模式。焦虑 - 控制型依恋模式的幼儿，母亲在身边时会表现得特别依恋黏附，随时都在观察母亲会不会离开。当母亲离开时，幼儿会变得格外焦虑不安，甚至哭泣吵闹。母亲返回后，他们往往依然哭个不停，或者对母亲又打又踢以表达愤怒和哀怨。这一类孩子，母亲很可能没有持续地为他们提供安全的依恋环境，有时对他们过分关注，有时又完全忽略他们的需求，导致孩子一直觉得随时可能失去母亲的陪伴。

（3）回避型依恋模式。回避型依恋模式的幼儿，无论母亲在或不在，都表现得很漠然，仿佛与母亲毫无关联，甚至可能对陌生人还要更亲近一点。母亲离开，他们也不会表现出任何依恋。这一类孩子，常常因为长期被忽视、缺乏照料、无法从母亲那里得到满足，从而通过回避性的行为来掩饰和压抑自己对母亲的依恋焦虑与情感需求，就像缩进壳里寻求自我保护的小动物。

在这些研究基础之上，后来的心理学家又补充了一种。

（4）混乱型依恋模式。这一类孩子，当母亲想要靠近他们的时候，他们似乎毫不在意，很冷漠。可是当母亲要离开，他们的视线又会一直跟随母亲，好像要看一看母亲到底要去哪里。这些孩子的幼年经历，常常是母亲既表现出对他们的厌弃，又以粗暴的方式加以干涉和控制。

幼儿期的依恋模式决定了一个人对自我形象和他人形象的认知，并深刻影响着他成年后的人际和亲密关系。比如，焦虑-控制型依恋模式的人，会始终觉得自己不够好、不值得他人持久关注和喜欢，所以随时担心被抛弃。而回避型依恋模式的人则认为他人是不值得信任和依赖的，认为别人无法满足他们的依恋和情感需求，从而选择压抑而不是表露自己的需求。安全型依恋模式的人，长大以后不会被别人的情绪左右，会积极看待他人的行为，无论在关系中还是独处，都会放松自在。

婚姻中，根据夫妻双方的依恋类型的不同组合，可以分为安全型（夫妻都是安全型）、混合型（一方是安全型，另一方是不安全型）、不安全型（双方都是不安全型）。研究发现：安全型的夫妻，婚姻质量最高；在混合型的夫妻中，拥有不安全依恋类型的一方对婚姻质量的影响更大；不安全型的夫妻，婚姻质量最低。

所有这些类型的形成，都跟孩子在3岁以前，尤其是1.5岁以前，父母对他们的回应及与其相处的方式有关，而这些方式，又与父母自己的依恋类型有关。

心理学家研究发现，对于6个月大的孩子来说，父母的应答性与孩子未来的智商发展、成就以及在学习和工作当中的行为表现都是正相关的。影响孩子健康发展的因素，还有家中的藏书量、父母参与孩子玩耍的程度和质量，等等。

想跟孩子建立起良好的互动模式，要进行“互动管理”，跟孩子在一起的时候更多地关注孩子感兴趣的事物。比如，孩子的手指向某个方向的时候，妈妈也顺着孩子的手指看过去，这样的回应对孩子来说就是极好的。

父母越了解自己，就越能够了解孩子和帮助孩子。我常常用四首流行歌曲来帮助父母们理解这四种类型。每一种类型都有一段内心独白，你可以看看哪段独白更像自己。

安全型依恋模式

◉内心独白：我很容易与人接近，信赖他们或让他们信赖我是件很开心的事情。我不怎么担心被抛弃，也不害怕别人离我太近。

◉代表歌曲：《两只蝴蝶》。“亲爱的，你慢慢飞，小心前面带刺的玫瑰……亲爱的，你跟我飞，穿过丛林去看小溪水……”

在关系中，允许对方自在飞翔，自己只是愉快地陪伴，不干扰对方的航线，也会提醒哪里有“刺”、哪里有“花香”。这样的陪伴，是高质量的陪伴，也是安全型依恋模式的来源与结果。

焦虑 - 控制型依恋模式

◉内心独白：我很想让别人亲近我，可别人似乎不愿意。我常担心我身边的人不是真的爱我，担心他们想离我而去。我恨不得和别人完全融为一体，可这个愿望有时会吓跑别人。

◉代表歌曲：《男人海洋》。“我的爱是折下自己的翅膀，送给你飞翔……”

这样的爱，让人感到炽热的同时，也往往会伴随令人窒息的纠缠感。这一类人，在亲密关系中常常有“爱你爱到骨头里，恨你恨到骨头里”的极端表现，因为焦虑-控制型的依恋关系会使他们患得患失，恨不能全部燃烧自己来换取关系的确定感，而这样的关系，其实会带来很多的伤害。

如果一个人的依恋关系模式是焦虑-控制型，那么不仅在伴侣关系里，在其他的人际交往中也会出现类似的情况，比如过度热心，却又总是发现自己的“好心”不被别人理解，甚至还被嫌弃。

回避型依恋模式

◉内心独白：与别人接近让我不安，我很难完全相信、依靠他们，有人对我太亲近时我会很紧张，就算是伴侣想让我更亲近一点，我也有点不自在。

◉代表歌曲：《原来的我》。“给我一个空间，没有人走过，感觉到自己被冷落；给我一段时间，没有人曾经爱过，再一次体会寂寞。”

这样一类人，看起来在“自讨没趣”，其实“宝宝心里苦”得紧，明明渴望着爱与被爱，却偏偏要躲进冷落和寂寞里，隔离真实的自己。自幼形成的回避型依恋关系，让他们总是在亲密关系里玩着“躲猫猫”的游戏，令对方抓狂不已。

混乱型依恋模式

◉内心独白：我想让人亲近我，可别人一旦走近我，我又总想要立刻逃跑。

◉代表歌曲：《带刺的蓓蕾》。“我是一朵带刺的蓓蕾，危险的妩媚。若是你爱上了我，小心你啊伤痕累累。我是一朵带刺的蓓蕾，寂寞的花蕊，要是你离开了我，只怕我会伤心枯萎。”

试想一下，跟这样的人相处，你该如何是好？内心既渴望爱又害怕得到爱的人，会使自己和对方都陷入混乱之中，而这样的混乱正是来自童年混乱型的依恋模式。

对照之下，也许你会发现，自己似乎有时兼有其中两种情况，不过总有一种模式占主导，而主导的模式也会影响到你的伴侣关系和亲子关系。

比如，安全型的父母更加能够理解和包容孩子的各种表现，并且能够准确地读懂孩子的行为，给予恰当的回应。其他三种类型的父母，则更容易被孩子的问题困扰，常常感到愤怒甚至绝望，或者索性听之任之、充耳不闻。

除了依恋关系影响父母对孩子的态度以外，父母的身心健康状况对亲子相处也有重大影响。比如，存在抑郁倾向的父母，会表现出对自己早期的依恋记忆的排斥，继而也会对孩子表现出冷漠、不回应。

依恋关系建立的最关键时期，是孩子从出生到 1.5 岁的这个阶段，所以我们在了解了自己的依恋模式之后，请一定记得：至少在这个关键期里，我们要努力帮助孩子完成信任能力的养成。而如果你还没有孩子，则可以做自己的内在父母，帮助自己补上这一课，为自我发展中亲密关系的发展做好功课。

一个人一生的依恋类型是会随着个体的成长，以及不断经历的新的人生经验而一点一点地改变的。

改变不安全依恋类型最有效的方式是：找一个安全依恋类型的恋人。对于本身不是安全依恋类型的人来说，一开始会觉得安全的人难以吸引你。但如果你真的希望变得更加安全，拥有更幸福的人生，你就要有意识地付出努力，多和安全的人接触，多给对方一些时间，也尽力打开自己的心。

其他帮助改善的方法包括：了解自己对哪些人或事过度敏感，训练自己客观评价的能力；学习温和而坚定地表达自己的需求，训练自己对拒绝的承受力；直接、坦诚，训练自己面对冲突的能力；调整情感升温节奏，训练自己经营关系的能力。

如果你发现自己有很多时候处于混乱的关系模式里，那么一定要注意以下几点。

第一，为自己担当，而非自责。

第二，警惕婚外情。混乱型依恋模式下成长起来的人，由于在任何关系中都缺乏确定感，所以下意识里总是想要不断寻找新的关系来自我肯定，而一旦关系建立，又立刻想要逃离。实际上，不断出现的“第三者”并非真的是感情所依，意识不到这一点，婚姻关系就会频频出现危机，给孩子、伴侣、自己乃至“第三者”带来不可逆转的巨大伤害。

第三，避免攻击。混乱型的人无法处理自己内在复杂情绪情感的时候，容易产生攻击行为。有的攻击向外，也有的向内自我攻击，比如有些男性，会用烟酒、赌博等行为来进行自我放逐和伤害。

○ 练习

试着分析一下自己的依恋类型，把它写下来。每一次书写都是一次自我整理。

03
做自己的心灵清创师

〈 创伤修复 〉

一位 30 多岁的男工程师，回忆他出生以后，父母的关系一直都很紧张。他 4 岁多父亲离开了家，母亲因为情绪困扰对孩子也失去了兴趣，不闻不问，他是由几个阿姨拉扯带大的。

阿姨们对他非常严格，甚至多吃一碗饭也要申请。在这样严格、缺少父母关爱的氛围中长大的他，在外人眼中一直勤勤恳恳、有责任心、和善少言，看起来似乎与旁人没什么不同。可是结婚后身体开始给他第一个信号：没办法有自己的孩子。

他和太太找医生做了各种各样的检查，没有任何器质性问题，但太太就是怀不上孩子。

最后，他们决定做试管婴儿，起初一切顺利，可就在试管移植的前一天，这位男工程师突然变得精神恍惚、言辞混乱，在出现一连串让人匪夷所思的行为之后就病倒了。

童年的缺失及未处理的愤怒，在潜意识里累积久了，就会变成恐惧和拒绝，变成向内的攻击。“要孩子”这件事情重新揭开了男工程师童年时期的心灵创伤，身体告诉他：你还没有准备好做爸爸。

压抑在内心的愤怒，常常不以愤怒的形式表现出来，而是会转化为被动攻击，以伤害自己或抱怨他人的方式呈现，或者转化为身体的问题爆发出来。所以，如果我们要在成年的世界里更好地发展自己，就要先检查自己的依恋模式，在身心出现状况之前对自己与父母的亲密关系多一些梳理，多培养自我觉察的能力，同时给自己的心灵进行清创术，然后才可以为自己和孩子争取更多获得幸福的概率。

心理学上的创伤，一般定义为“超出常人经验的事件”，意思是，个人经历的一些创伤性事件，对当事人的影响超出其情绪、能力可接受的范围，继而令当事人对人和事都失去控制感，也无法管理内在的情绪状态。创伤通常会让人感到无能为力，或是无助和麻痹。一般来说，创伤的发生都是突然的、无法抵抗的。

战争、洪水、地震、火灾、空难等强大的天灾人祸，是造成心理创伤的典型事件。除此之外，日常生活中经历的交通事故、忽视、情绪虐待、躯体虐待或者暴力等，都会促进心理创伤的形成，比如目睹极端暴力行为，遭遇性侵，被分手，被遗弃，父母离婚，亲人病逝、突然死亡或者自杀等。

在这些诱发心理创伤的危险事件中，私人性的、人际关系性的事件，比如遭遇性侵、被遗弃、自然灾害或者意外、交通事故等，更容易使人产生心理创伤，或者容易令创伤更为严重、更加持久。

18年前，我接待过一位12岁时被亲生父亲性侵的来访者，她当时已经38岁，未婚，但一直与不固定的已婚男士保持交往，而且这些男士大多跟她父亲年龄相仿。

多年来，她一直在服用抗抑郁药，基本的生活功能可以维持，但无法从事任何工作，靠母亲微薄的退休工资生活。她说，母亲当年知道了父亲对自己的伤害时，为了面子选择了隐忍，直到她18岁那年，父亲因为另一起案件被判刑入狱，母亲才选择了离婚。

这些年来，她一直与母亲生活在一起，虽然母亲对她很好，但她总是会因为各种小事而对母亲破口大骂，甚至动手打母亲。而对年长的异性，她一方面心存恐惧，一方面又忍不住总想亲近。

她觉得自己很变态，但又控制不住自己。尤其让她无法接受自己的是，父亲出狱后她甚至都可以去看他，但对母亲却暴躁凶狠，这让她觉得自己大逆不道，活该一辈子都过不好。

这是一位心灵受过严重创伤的女性，对母亲的愤怒，是因为母亲当年没能给她及时和应有的保护，同时也是对自己的厌恶的投射；而对父亲以及年长男性的亲近，则是因为她潜意识里想要证明他们不是想要伤害她，而是爱她的，以此来抵消内心无法承受的痛苦和羞耻感。

我们的咨询经历了漫长的3年，结案的时候，她在街道的帮助下找到了一份临时工，对已婚年长男性的扭曲情感也逐渐弱化了。她的母亲却突然病逝，让她觉得自己再也没有机会弥补过往对母亲的不恭敬。她说，如果当年能够早一点修复创伤，她和母亲之间就不会相处得这么痛苦，也不会留下一辈子的遗憾。

另一个创伤案例，也给我留下了深刻的印象。

汶川地震时，一位70多岁的老人，先后救出了6个孩子，自己的两个孙子却遇难了。表面上，他很坚强，还说这是他该做的；内心深处，却对孙子充满愧疚和自责，经常来我们的关怀站默默地坐着，半天不说一句话。

我和其他志愿者也默默陪伴着老人，等待老人开口。让我感动而意外的是，一天中午，一群经常来关怀站玩的孩子们，突然自发地在老人面前一字排开、齐声给老人唱起歌来，老人老泪纵横，紧绷的肩膀柔软下来，终于把内心真实的感受吐露了出来。

这就是前文讲过的音乐的疗愈作用。孩子的歌声在那一刻超越了任何技巧，不仅直接打开了老人的心，还同时冲刷和清理了他心中的创伤。

创伤不会被掩盖或遗忘，只有及时而勇敢地面对，才有修复的可能。

日常生活中的很多创伤，虽然不大，但可能因为被忽略而变成人生的大灾难。而能否及时从创伤中复原，则取决于我们亲密关系的安全与否和心理弹性的大小。

美国马萨诸塞大学波士顿分校的爱德华·特罗尼克博士曾经做过一个叫作静止脸的实验（The Still Face Experiment）。一个 4 个月左右的宝宝，当妈妈微笑地面对他，并给予他恰当的回应时，他也开心地笑着和妈妈互动；而当妈妈突然面无表情、对孩子不做任何反应时，他先是用各种可能的方法来努力争取妈妈的关注，发现没用后，开始不知所措，最后放声大哭。幸运的是，这个宝宝之前已经跟妈妈建立起了比较稳固的安全型依恋关系，所以当妈妈重新以正常温暖的表情面对他，与他恢复正常的情感连接后，不过几秒钟的工夫，他又重新快乐起来了。

这个实验提醒我们：相比分离来说，一个冷漠的妈妈对孩子的伤害会更多、更大。而已经与妈妈建立安全型依恋关系的孩子，即使关系偶尔受创，通常也能很快地恢复，跟妈妈重新回到安全的相处模式中，完成关系的重建。如果妈妈的冷漠经年累月地持续，那么，重建就会变得很困难。

而心理弹性，美国心理学会将其定义为：在面临逆境、创伤、悲剧、威胁、艰辛及其他生活重压时，能够良好适应的“反弹能力”。反弹力越好，恢复的可能性就越大。

怎么判断自己是否有心灵创伤呢？可以从情绪、认知、躯体反应、行为四大维度来加以辨认。

(1) 情绪。

主要表现为害怕、恐惧，一些创伤性的画面会不断地闪回；不信任感和不安全感增加。

(2) 认知。

自责，甚至怨恨自己，认为发生糟糕的事情是自己的错；有的人会遗忘创伤经历；有的人会抱有幻想，不断地期待奇迹出现；有时会出现精神恍惚、难以集中注意力的情况。

(3) 躯体反应。

头疼、血压升高、心跳加快、饮食失调、失眠、难以入睡、早睡或者容易惊醒。

(4) 行为。

主要表现为容易激动，时而愤怒，时而焦虑，时而内疚等；甚至对喜爱的事情失去兴趣。

在修复创伤的方法上，不同的情况可能需要采取一些不一样的做法，这里有一些原则，适用于大部分情况。

(1) 面对自己的真实感受。

对一些人来说，需要从觉察自己内心深处的伤痕来达到这一步；对另外一些人来说，需要从停止逃避与自我欺骗来达到这一步。

（2）还原悲伤。

做到第一步还不够，还要能够让负面的感受流动。

可能有效的做法是记录自己的生活。每天给自己一点时间，把想法写在纸上，是一种释放和慰藉，日记可以帮助你安全地释放愤怒、痛苦和悲伤。你也可以写下自我安慰、支持和希望的话，你会从这些文字中得到力量。

（3）认清我们不可能得到补偿。

放下得到“施害者”补偿的心态，结合具体的自我疗愈方法，才有可能真正从创伤事件中走出来。

（4）给自己更多的时间。

经历 3 ~ 6 个月的疗愈期，人们往往能从心理创伤中恢复过来。但是完全复原的历程还是很长的，要放下“下周我就能去上班”“明天一切都会好起来”等类似的想法。

无论你是否经历过创伤，保持和提高心理弹性都是人生不可少的话题，你可以从下面五个方面来做。

（1）建立社会联系。

在人际关系中感受到温暖、安全与信任，可以增强你的韧性。

（2）重新定位目标，面向未来。

你改变不了已经发生的局面，但可以改变你对它的理解和反应，也可以选择关注那些你可以改变的事情，积极面向未来，定立新的目标。

（3）发展一些现实的目标。

有规律地做一些事情，不要去关注那些看起来无法实现的目标，只是问问你自己：“我今天可以完成一件什么样的事，这件小事有助于向着我希望的方向前进？”

（4）照顾好自己。

关注自己的需要和感情。鼓励自己参加感兴趣和能够放松自己的活动。有规律地锻炼身体。照顾好自己有助于保持头脑和身体的最佳状态，使你有精力去处理要面对的情境。

（5）了解心理变化曲线。

一般来说，一个人经历了创伤等变故，通常都会经历一个周期的曲线变化。了解曲线当中每个阶段的特点，就可以对自己更多一些耐心和爱心。

如果创伤始终没有修复，就可能出现创伤后应激障碍，即人在经历严重创伤事件后产生的精神疾病。事件发生后的 3 ~ 6 个月之间，是自杀的高发阶段。

如果你有下面的症状，持续时间超过一个月，并且干扰到正常的人际关系与社会功能，就可能是产生了创伤后应激障碍，需要预约咨询师进行专业处理了。

（1）反复体验创伤。

不断地做噩梦、闪回、强迫性重复、产生令人恐惧或害怕的想法等都是反复体验创伤的表现，其中闪回指的是不断重温过去的创伤经历，包括经历创伤时身体上的症状，比如心跳加速、出汗等。这容易干扰日常生活。

（2）回避性症状。

主动远离可以勾起创伤经历的场所、事件或者物体，回避参加各类社交活动。同样，这些回避行为可能干扰正常的社会工作与学习。

（3）高度警觉。

这是一种神经紧张的状况，往往表现得非常敏感、容易受惊、被吓到，感觉紧张、提心吊胆。人们常说的“一朝被蛇咬，十年怕井绳”就类似这种状态，高度警觉还可能引发睡眠障碍。以上这些特征会让人感到压力和易怒，给日常生活造成困扰。

（4）认知和情绪上的症状。

典型的表现是：持续性地产生很大的复兴情绪；难以记住创伤性事件的主要特征；严重的甚至会对自己和世界产生极度消极的想法与负面认知，感受到严重的内疚或自责，还有可能丧失活动的兴趣。比如，经历过战争并目睹战友死亡的人会认为自己的“幸存”是不应该的，认为自己不应该活着。

如果怀疑自己有可能罹患创伤后应激障碍，最好的建议是就医和寻求专业的心理咨询的帮助。应对轻度的心理创伤，一些自我疗愈的办法可能有用，但严重的创伤后应激障碍，往往难以靠自己的力量治愈，盲目地寻求自救，有可能贻误治疗时机，给自己带来不必要的压力与伤害。

要想发展自我，就要进行心灵的清创。

○ 练习

从小到大，你经历过哪些创伤事件？找出来，我们一起面对。

04
成长路上的每一步你都踩稳了吗

〈 心理任务 〉

每个人的人生各有不同，但不同版本的人生，又有着许多相同的发展任务，要想让自己过得从容不焦虑，就需要把每个人生阶段的核心任务梳理清楚。

先跟大家分享我爸爸的故事。

我的爸爸是个老顽童。2017年8月，85岁高龄的他住在医院里，每一次家人探望，他都会把老老小小所有人的手拉过去，放在嘴边轻轻亲吻，深情地说："你们都好啊！"每一次，大家都一边笑着拥抱和回吻他，一边相互拍下这些温馨宝贵的时刻。

8月中旬，我要去台湾半个月，走之前，我给能够找到联系方式的安宁病房逐一打了电话，准备回来就给爸爸转院，因为我知道，爸爸已经在准备告别这个他深爱的世界。我说："爸爸加油！"爸爸说："我已经很加油了！我活到这个年龄，该有的都有了，已经很满足了！”

8月底，我从台湾回来的第二天早晨，爸爸离开了。我们举行了告别仪式，现场播放的不是哀乐，而是祥和安宁的佛乐，照片也用了彩色，因为爸爸给每个人留下的都是热情四射、孩子一般绚烂的生命力。告别仪式上，众多亲友没有一位哭泣，都觉得爸爸一生虽多苦难，但活得认真而投入，每个阶段都很圆满；而他留给大家的可爱回忆，想起来也都让人心生笑意。

跟大家分享这些，是因为我们终将殊途同归，也因为很想让大家了解：如果我们能认真过好每个生命阶段，完成好每个阶段的心灵任务，那么将来，即使死亡也不能让我们遗憾和懊悔。

美国心理学家爱利克·埃里克森说：“当老人们回顾过去时，可能怀着充实的感情与世告别，也可能怀着绝望走向死亡。自我调整是一种接受自我、承认现实的感受，一种超脱的智慧之感。如果一个人的自我调整大于绝望，他将获得智慧的品质，以超然的态度对待生活和死亡。”

老年人对死亡的态度，直接影响下一代儿童时期信任感的形成。所以，埃里克森把人生分为八个发展阶段，第八阶段和第一阶段首尾相连，构成一个循环或生命周期。

埃里克森认为，在每一个心理社会发展阶段中，解决了核心问题之后所产生的人格特质，都包括积极与消极两方面的品质，如果各个阶段都保持向积极品质发展，就算完成了这些阶段的任务，逐渐形成健全的人格，否则就会产生危机，出现情绪障碍，形成不健全的人格。

平日里，我们困于生活的日常与眼前的问题，常常意识不到自己的心理成长是不是发展正常，是不是偏离了轨道；而一旦做了父母，就有机会透过观察孩子的成长来了解和修正自己，做出更适合孩子和自己的成长规划与人生发展计划。

那么，我们成长过程中究竟有哪些功课还没有完成，又该如何补修，不让生命卡在其中？不妨好好思考一下。

根据埃里克森的理论，八个阶段的顺序是由遗传来决定的，所以是不可变更的。身心的成长，从我们还在妈妈的子宫内就开始了，因为任何生物都有一个大体的生长方案，有了这个方案，机体的各部分才得到发展，每一部分都具有它特殊的优势，只有各个部分的发展都能顺利进行，才能形成一个有机的整体。

我们先来看八个阶段究竟怎样划分，以及分别对应着怎样的心理冲突和关键任务。

(1) 婴儿期（0 ~ 1.5 岁）：这个阶段对应的是基本信任和不信任的心理冲突，关键心理任务是建立安全感。

很多人以为，婴儿什么都不懂，只要吃饱不哭就行，这就大错特错了。婴儿阶段，父母或者其他养育者能不能给孩子及时和稳定的回应，决定了孩子将来如何看待世界和他人。

父母或者其他养育者回应及时，孩子就可以发展出基本的信任，对人生充满希望，富于理想，具有强烈的未来定向；相反，则会产生强烈的不安全感，认为世界和他人是不可信的，长大后也不能很好地表达自我需要，担心自己的需要得不到满足，容易退缩，人际交往中也会出现各种各样的问题。

前文谈到的静止脸的实验就很好地说明了这一点。

我经常提醒带着孩子的年轻爸爸妈妈们，多跟宝宝讲话，他们往往一脸不解地说："他又听不懂！"其实，宝宝可能听不懂你所讲的内容，但他能感受到你的关注和尊重，并留下幸福的情绪性记忆。长大后，他们同样会与其他人建立这种良好健康的关系，会用父母对待他的方式来对待其他人，也就会有更友好的合作，受到更多人的欢迎。

内在安全感会影响孩子一生的生命品质，而父母的安全感又决定了孩子的安全感。所以这些年来，我在全国各地飞来飞去，给数十万家长讲授这个主题，并且把课程内容整理成了图书《给孩子一生的安全感》，如果你想要更多学习，可以进一步阅读，一步步完成书中的练习，表面上讲的是育儿，其实真正讲的是育己。

（2）儿童期（1.5 ~ 3 岁）：这个阶段对应的是自主与害羞（或怀疑）的心理冲突，关键心理任务是探索。

这个阶段包含人生的第一个反抗期，父母如果对孩子的行为放任自流，将不利于儿童的社会自我的发展。反之，若过分严厉，又会伤害儿童自主感和自我控制能力，让孩子对自己产生怀疑，并感到害羞。因此，把握住"度"的问题，才有利于在儿童人格内部形成意志品质。

（3）学龄初期（3 ~ 6 岁）：这个阶段对应的是主动对内疚的心理冲突，关键心理任务是培养自信。

这个阶段的孩子不仅开始探究事物究竟是什么样子，而且有了人际交往的需求。如果得到良好的鼓励和人际交往方式的指导，建立界限和规则意识，孩子将来会更加自信。

（4）学龄期（6 ~ 12 岁）：这个阶段对应的是勤奋对自卑的心理冲突，关键心理任务是提高能力。

这个阶段的发展会影响孩子许多优秀的内心品质，比如坚毅、自控力、同理心、进取心、自尊心，同时也会影响到孩子多方面的能力，比如表达能力、面对压力和失败的能力、面对挑战的能力、独立思考的能力等。

（5）青春期（12 ~ 20 岁）：这个阶段对应的是自我同一性和角色混乱的心理冲突，关键心理任务是建立自我同一性。

还记得你的青春期内心经历过怎样的矛盾冲突吗？你可能上一秒还在想成为受人尊敬的企业家，下一秒却又想浪迹天涯；你可能头一天还循规蹈矩做着淑女，第二天又改头换面十分叛逆。

一个典型的现象是：一些没有经历过青春期叛逆的人，却在步入中年时突然变得叛逆起来，要么突然想辞职，要么突然想离婚。这其实就是人生发展阶段中落下了功课，日后早晚得补的最好例子。因为叛逆恰恰是建立自我同一性必经的过程。简单来说，就是一个人的自我感觉与在他人心目中的感觉相称，心理自我得到良好发展的过程。这一阶段的危机是角色混乱，度过了危机，自信心和社会适应性也会不断增强，可以清楚地回答“我是谁”。

(6) 成年早期 (20 ～ 40 岁)：这个阶段对应的是亲密对疏离的心理冲突，关键心理任务是建立亲密关系。

只有具有牢固的自我同一性的青年人，才敢冒着与他人发生亲密关系的风险。因为与他人发生爱的关系，就是把自己的同一性与他人的同一性融合为一体。如果发展不顺利，就无法获得亲密感，一直生活在孤独之中。

(7) 成年期 (40 ～ 65 岁)：这个阶段对应的是再生力对停滞的心理冲突，关键心理任务是自我实现。

我们之前说过，人格的发展是一辈子不断进行和完善的过程。前面六个阶段完成较好的人，会具备不断自我培育和发展的能力，更有自我实现的可能；相反，则会停滞不前，出现中年危机。

(8) 成熟期 (65 岁以上)：这个阶段对应的是自我调整与绝望期的心理冲突，关键心理任务是追求智慧与意义感。

成熟期的人，基本上也步入了老年，这一阶段社会角色的转变，往往成为老年人心理适应上的挑战。除了身体衰老、社会职业角色的丧失外，他们从过去被子女依赖转向依赖子女，在家庭中原有的主体角色和权威感随之丧失，失落感、自卑感也由此产生。

我接待过一些因为老人卷入传销而前来咨询的来访者，他们无法理解老人为什么特别执着于那些一看就是骗局的事情，所以也不知道如何劝阻。而当我帮助他们看见老人内心的价值缺失感，以及透过传销而获得的某些需求满足后，他们往往才恍然大悟，知道最好的劝阻办法不是否定和打击，而是让自己比骗子们更能走进老人的内心。

○ 练习

手绘自己的人生八阶段，透过八个问题的探索来释放被卡在某个阶段里的生命力，更好地发展自己。

05
父母离婚对孩子影响到底有多大

〈 彩蛋 〉

我们从不同角度认识了人生不同阶段，以及那些影响着我们发展的因素。

我们根据三位朋友的问题，一边回答他们，一边梳理自己。

第一位朋友的问题与创伤修复有关。

童年时候，父母离婚给我带来了很大的痛苦。我跟着妈妈组建的再婚家庭生活，结果妈妈和继父之间的感情也很冷淡。因为这样的经历，现在的我防卫心太重，很难和一个人建立亲密关系，怎么才能修复这种伤害？

美国耶鲁大学医学院儿童研究中心的心理学家阿尔波特·索尔尼特认为，离婚是威胁儿童的最严重和最复杂的精神健康危机之一。另一位儿童心理学家李·索尔克认为："对于一个孩子来说，只有死了亲人才能比父母离婚更痛苦、更损伤身心。”

一项调查显示，有 37% 的孩子在父母离婚 5 年后，心理上的创伤都不能消失，内心会经常幻想着父母复婚；有 29% 的孩子会勉强熬过这个艰难的时期；不过，也有 34% 的孩子仍能保持对生活的满足感，能很好地适应新环境，身心发展良好。

如果说父母离异是创伤事件的话，为什么有的孩子一辈子走不出阴影，有的却能够保持良好发展呢？

我曾经与海内外的诸多心理学家讨论过这个话题，大家达成的共识是：

（1）孩子的创伤程度取决于其个性和对父母依赖程度。

一般来说，性格内向的孩子比性格外向的孩子受创伤的程度要严重，持续的时间也会更长些；而对父母感情依赖程度越重，孩子所受的创伤也会越重。

（2）父母在离婚过程中的态度和处理方式比离婚本身对孩子的影响更大。

如果父母双方都成熟而且理性，即使离婚也能够彼此尊重而不是相互诋毁，同时能让孩子感觉到亲子之间的爱有增无减的话，那么孩子走出创伤的可能性更大、时间也更短，甚至还能在父母身上学到勇敢真诚地面对情感、尊重他人也尊重自己，将创伤事件变成人生的财富。

（3）离婚协谈可以很好地减轻孩子的内心创伤。

这是 2004 年，一位以色列心理学家来拜访我时分享的经验。

也就是，心理学家或咨询师与父母一起制订离婚计划，指导父母如何与孩子沟通、离婚后如何与孩子相处，同时通过家庭会谈，帮助孩子适应家庭关系的改变，给予孩子足够的支持。从那时开始，我在上海也普及和推广了这个经验，不少夫妻前来预约协谈，几年后回访显示：他们的孩子果然比其他离异家庭的孩子更加快乐平静，谈到父母离婚从不回避，对自己未来的情感生活也充满信心。

（4）良好的支持系统可帮助孩子度过危机、减少创伤。

除了父母外，如果身边的其他亲友也能够保持成熟和理性的态度，孩子就能够更快适应新的生活。相反，有的亲友好心办坏事，在孩子面前攻击和否定其父亲或母亲，或者不断强调“你爸爸 / 妈妈一个人养你不容易，你一定要听话，要好好孝顺和报答他 / 她”的话，孩子就可能会受到二次伤害，表现得更加自卑、退缩和对未来感到绝望，长大后也不敢与他人建立亲密关系。

（5）再婚家庭的相处品质影响着孩子对亲密关系的信心。

就像这位朋友所说，妈妈和继父之间情感也很冷淡，才会加重她对亲密关系的恐惧，产生更大的防御心理。

父母离婚虽然是负性事件，但子女长大后，仍然可以通过自我修复来积极调整。比如这位朋友，可以试一试用下面的方法走出伤害。

（1）在纸上画出原生家庭关系图谱。

具体来说，第一步先画三个圆，分别代表爸爸、妈妈和自己，然后将三个圆分别连线，代表夫妻关系和亲子关系；第二步，在夫妻关系连线上打一个叉，标注上父母离婚的时间，代表夫妻关系结束；第三步，分别审视自己与爸爸和妈妈的亲子关系，根据关系的实际情况打上钩或叉，钩代表继续，叉代表断裂；第四步，在打叉的地方写下自己对应的感受和念头。

(2) 根据第一张纸上的内容，在另外一张纸上造句。

第一句用“我感觉”开头，第二句用“我需要”开头，第三句是“我害怕……”，第四句“不要以为我……”，第五句“我渴望……”，写完后，大声读三遍，然后找一个最信赖的人，读给他听。

(3) 根据第二张纸上的内容，在第三张纸上写下行动计划。

针对你的渴望，你将采取哪些行动呢？从易到难写下来，然后标注上行动日期，完成后，打一个大大的钩。比如，你可能会写“我渴望感受到父亲的爱”，那么对应的行动也许是给父亲打电话，谈一谈从你刚出生到学走路之间的事情，跟他约定以后多长时间联系一次，并且告诉他你的渴望。

(4) 多接触婚姻幸福的女性长辈，观察和学习她们如何经营情感。

母亲不擅长处理亲密关系，并不代表你也如此。扩展你的视野和生活圈，找寻现实的榜样，有助于你增强信心。

(5) 参加亲密关系的团体小组，在咨询师的指导和组员的陪伴下，从感受和熟悉亲密相处开始，改写关于关系的情绪性记忆，学会爱自己、做自己心灵的父母、重建内在的安全感。

我们来看第二位朋友的问题。

我发现自己特别容易喜欢一个男生。只要他表现得很关心我，每天陪我聊天，要不了多久，我就会喜欢上对方，忍不住去表白，可是每次表白都被拒绝，很痛苦。算起来，已经被好几个男生拒绝了。我也觉得表白的时候那些男生还没喜欢上我，可就是控制不了自己……怎么才能走出表白被拒的怪圈呢？

很显然，这位朋友的依恋模式属于“焦虑-控制型”——情感来得快而热烈，表白时没有顾及对方的感受，掌握不好爱的节奏。这种模式下，隐藏着爱的缺失和饥渴，所以需要先分散自己的情感需求，在友情、亲情中得到满足后，再向爱情靠拢。

具体来说，可以先练习与一些不同性格的异性建立友谊，想象自己是他们的哥们儿，以朋友的身份接受他们的关心，也给他们朋友式的关怀，多参加聚会，让两性交往日常化。用日常的表达来替代表白，比如可以说“跟你做朋友真好，谢谢你”，而不是说“我爱上你了，我们恋爱吧”。

我们再来看第三位朋友的问题。

我从小一直顺从妈妈的想法，读书的时候选什么样的专业，毕业了找什么样的工作、去哪个城市，这些都是遵从妈妈的意愿做的选择，从没叛逆，怕她接受不了。但是现在我很压抑，想跟从自己的想法，并且能得到她的支持，有什么办法可以做到两者兼顾呢？

人生不同阶段落下的功课是需要补习的，这位朋友落下的叛逆，导致了她的压抑。要想跟从自己的想法而又不伤害妈妈，需要先学会用“同时”来代替“但是”，比如可以对妈妈说：“我明白你的想法，同时我的想法是……”这样的表达，既尊重自己，又不会让妈妈感受到对立。

另外，可以先从日常的小事开始，坚持自己的想法，比如穿衣、吃饭、作息等。更深层的，需要从心理层面上断乳，不再用一味地顺从来喂养婴儿式的母女关系，相信妈妈的承受力，让妈妈逐渐适应你已经长大、是一个独立个体的事实。当然，前提是你的确可以独立。坚持自我，并不等于背叛妈妈。

下面八个问题，给这三位朋友，也给大家。每个问题都对应一个发展阶段，写下你的答案，你就知道你的生命可能卡在了哪里，又该如何修通它。

- 我能相信他人吗？
- 我能独立行动吗？
- 我能成功地执行自己的计划吗？

- 我是有能力的吗？
- 我知道自己是谁吗？
- 我为亲密关系做好了准备吗？
- 我在这个世界上留下自己满意的痕迹吗？
- 我的生命最终是有意义的吗？

最后两个问题，如果你还没有 40 岁可以先预习着，留到 40 岁以后再作答。

CHAPTER TWO

第 2 章

成长计划：找到性格优势

〈 MBTI 〉

06
测一测，你的性格有哪些优势

〈 MBTI 测试 〉

经常有来访者问我：“都说性格决定命运，我觉得自己的性格很不好，但好像又很难改变，该怎么办呢？难道只能认命吗？”

我通常会指着咨询室里的绿萝回答他们：“绿萝变成牡丹很难，但小绿萝变成大绿萝却是挡也挡不住的。性格也一样，有一种自然而然的改变，叫成长。”

我们提到过人的四种气质类型，如果说不同气质类型的差异就像绿萝和牡丹的差异，与生俱来、不可改变也无须改变的话，性格却像不同气质类型之上生长出来的枝叶和花瓣，营养充足、方法得当，就会顺势生长、鲜活茂盛；营养缺失、方法不当，则可能变得病恹恹不健康。

就像气质类型无好坏之分一样，不同的性格也各有自己的优势，觉得自己的性格不好，其实只是没有发现、发展和发挥出自己的优势而已。

那么，究竟什么是性格呢？

心理学认为，“性格”是一个人内部的行为倾向，它具有整体性、结构性、持久稳定性等特点，是每个人特有的，可以用来解释一个人为什么会做出某种行为，或保持某种态度。性格虽然具有稳定性，但如果遇到生活环境的重大变化或重大事件的刺激，仍然可能会发生显著的变化。而且，脑部受损等外伤也会引起性格的巨大改变。

1848 年，美国佛蒙特州一个 25 岁的施工队队长，在完成任务时被金属棒刺穿了头骨。躺了几周后，奇迹般地完全康复，可以走路、说话、算术，长时记忆也没问题，但是，他的性格却完全改变了。事故之前，他很和蔼、稳健、友善，具有领导魅力；伤愈之后，却变得傲慢、固执、冲动、粗鲁，而且很自私。曾经的同事都不能再忍受他，觉得他再也不是以前的他了。

生活中你可能也会遇到类似的情况。比如，有的人在车祸手术后就像变了一个人；看起来没有外伤，但性情突然大变，之后不久查出患了脑瘤。

身体缺乏某些微量元素时，也会出现性格的突然改变。有个高一的女生，以前勤奋好学，突然变得懒散厌学，父母单纯以为是压力造成的，在咨询师建议下做了微量元素检查，才知道是缺铜所致。

上面提到的这些性格改变，不是当事人主动选择的，他们自己往往觉察不到。如果你观察到亲友出现类似的情况，需要多加留意，因为除了以上情况，重性精神疾病比如精神分裂症等，也会导致一个人的性情突变。比如一位中年女性，突然从省吃俭用变得花钱大手大脚，还到处送钱给别人，原因是家里有人遭遇电信诈骗，她受到强烈刺激精神失常了。

说了这么多非主动的改变，现在我们着重来看看如何主动地进行性格的调适，如何发现自己的性格优势。

心理学家对人类的性格做了大量的研究，基于不同的理论假设发展出了许多性格测试量表，人们可以将专业的性格测试量表作为准确地了解自己的辅助手段。比如，基于艾森克人格理论的人格测试问卷（Eysenck Personality Questionnaire，简称 EPQ），基于大五人格理论的大五人格测试（The Big Five），以及基于卡特尔人格特质理论的 16PF 测试等。

我经常给个人、亲子、伴侣以及企业推荐使用的，是从荣格心理类型理论发展出来的 MBTI 测试，因为这个测试的核心规则是：测试倾向而不是能力，尊重每个人自己的判断，强调性格类型无对错好坏，重点不是评判而是给予成长与发展的指引。

比如，一对恋人前来咨询，说他们的性格不合，相爱容易相处难。我请他们都做了 32 题简易版的 MBTI 测试（在线搜索即可），然后对照测试结果促进他们了解相互的差异，找出在关系中可以共同成长和提升的地方，最终把不合带来的冲突变成了在关系中成为更好的自己的助力。现在，他们已经有孩子，并且也学会用 MBTI 的视角来了解亲子之间的差异与相处之道。

MBTI，中文译为“迈尔斯 - 布里格斯性格分类指标”，是用美国心理学家凯恩琳 · 布里格斯与她的女儿伊莎贝尔 · 布里格斯 · 迈尔斯的缩写命名的。她们对荣格的心理类型说进行了进一步研究，通过了解人们在做事、获取信息、决策等方面的偏好，从四个维度、八种元素加以分类，得出十六种不同的性格类型。

四个维度，以及其中的八种元素如下。

第一个维度是：“外倾 E”与“内倾 I”，代表着各人不同的精力（Energy）来源。外倾型（E，Extroversion）偏向专注于外在的人和事，倾向将能量往外释放。内倾型（I，Introversion）则专注于自己的思想、想法及印象，倾向将能量往内凝聚。

第二个维度是：“感觉 S”与“直觉 N”，是人们认识世界的非理性方法，即信息获取的方式。感觉型（S，Sensing）喜欢着眼于当前事物，惯于先使用五感来感受世界。直觉型（N，Intuition）则着眼未来，着重可能性及预感，从潜意识及事物间的关联来理解世界。

第三个维度是：“思维 T”与“情感 F”，决策方式，并配合以上的能量走向。可以说，思维型使用头脑来作决定，而情感型则由内心来作决定。情感型（F，Feeling）偏好使用价值观及自我中心的主观评价来作决定。思维型（T，Thinking）则偏好用“是 / 非”及“如果……就……”的逻辑来作分析结果及影响，或者作决定。

第四个维度是：“判断 J”与“知觉 P”，代表着处世态度及生活模式。判断型（J，Judging）倾向于井然有序及有组织的生活，而且喜欢安顿一切事物。知觉型（P，Perceiving）则倾向于自然发生及弹性的生活，对任何意见都抱开放态度。

由这四个维度、八种元素组合成的 ENTJ、ISTJ、INFJ 等十六种人格类型，又归于四个大类之中。

（1）SJ 型，忠诚的监护人。

具有 SJ 型偏好的人，他们的共性是有很强的责任心与事业心，他们忠诚、按时完成任务，推崇安全、礼仪、规则和服从，他们被一种服务于社会需要的强烈动机驱使。他们坚定，尊重权威、等级制度，持保守的价值观。他们充当着保护者、管理员、稳压器、监护人的角色。大约有 50% 的 SJ 型偏好的人为政府部门及军事部门的职务所吸引，并且显现出卓越成就。比如乔治·布什、女王维多利亚、女王伊丽莎白、乔治·华盛顿等。

（2）SP 型，天才的艺术家。

有 SP 型偏好的人有冒险精神，反应灵敏，在任何技巧性要求较强的领域中都游刃有余。他们常常被认为是喜欢活在危险边缘寻找刺激的人。他们为行动、冲动和享受现在而活着。约有 60% 的 SP 型偏好的人喜欢艺术、娱乐、体育和文学，被称赞为天才的艺术家。比如，我们熟悉的歌星麦当娜、篮球魔术师约翰逊、音乐大师莫扎特等。

（3）NT 型，科学家、思想家。

达尔文、牛顿、爱迪生、瓦特等发明家和科学家你一定不陌生吧！具有 NT 型偏好的人，有着天生的好奇心，喜欢梦想，有独创性、创造力、洞察力，有兴趣获得新知识，有极强的分析问题和解决问题的能力。他们是独立的、理性的、有能力的人。人们称 NT 型是思想家、科学家的摇篮，大多数 NT 型的人喜欢物理、研究、管理、电脑、法律、金融、工程等理论性和技术性强的工作。

(4) NF 型，理想主义者、精神领袖。

具有 NF 型偏好的人在精神上有极强的哲理性，他们善于言辩、充满活力、有感染力、能影响他人的价值观并鼓舞其激情。他们帮助别人成长和进步，具有煽动性，被称为传播者和催化剂。约有一半的 NF 型的人在教育界、文学界、宗教界、咨询界以及心理学、文学、美术和音乐等行业显示着他们的非凡成就。比如列宁、甘地等。

一个人的人格会随着年龄的增加、经验的丰富逐步发展完善。任何类型的人，均有相应的优点和缺点，适合自己的工作环境，适合自己的岗位特质。MBTI 理论注重的不是工作本身，而是工作的内容。

例如：对于 ENTJ 型的人而言，并不能说他适合或不适合做总经理助理，关键在于总经理助理这一职位能否让 ENTJ 型的人领导、掌管、组织和完善一个机构的运行体系，以便让它有效运转并达到计划目标，能否让 ENTJ 型的人从事长期计划的设计，创造性地解决问题，对各种各样的问题提出有创造性并合乎逻辑的办法等。

MBTI 可以帮助我们认清自己，但是并不剥夺我们认知的自由，把结论强加于人；MBTI 可以有效地评估我们的性格类型，引导我们建立自信，信任并理解他人，进而在亲子关系、伴侣关系、师生关系、同事关系，以及个人职业生涯发展等方面不断促进发展。

MBTI 测试可以帮助人们看到自身的力量和特有的才干，使一个人更深刻地了解自己的动机、力量和潜在的发展前景；也可以令人更深刻地了解和欣赏与自己类型不同的人。这正是我欣赏它的原因。

○ 练习

完成简易版的 MBTI 测试，记住自己的类型，让测试结果变成个人发展和成长的指引手册。

07
内向 & 外向，让天性为你引路

〈 内外倾 〉

2007 年，我应华东师范大学出版社的邀请，为《内向者优势》这本书写推荐语。

我是这样写的：

微微有些内向的冬季深夜，星星微微内向地眨着眼睛，而我，想以极其外向的方式推荐一本书给你。

关于“内外向”，即使你从来不懂心理学，也一定对其耳熟能详。

这是一个看起来外向的世界——

父母希望孩子外向，因为“内向的人吃不开”；

老板希望员工外向，因为外向的人更利于开拓市场；

妻子希望丈夫外向，因为最受不了他闷声不响；

……

就连内向的人自己，也希望有一天奇迹发生，自己突然变得外向。

于是，世界的角角落落平白多了许多不能做自己的人——用内向的作者自己的话来说：“在自己的车子旁边跑步而由另外的人来驾驶自己的车辆。”那部“车”，不是别的，是你的天性。

天性内向的人，最大的问题不是内向，而是不懂得驾驭内向。

不懂得驾驭内向的人，常常在心里苦恼地想：

“性格外向是‘好的’，性格内向是‘不好的’……我无论如何努力地尝试，我也未能具有那些外向的品质……我认为自己是什么地方有点问题。”

“我不理解自己的许多事情。为什么在其他人感觉很兴奋的环境中，我却会感到压力太大？为什么我参加外界的活动回来后感到自己要被闷死了似的？为什么我感到自己像一条离水之鱼？”

“我喜欢得到认可，但是我又会因大家的关注而感到压力太大。”

“我们性格内向的人常常会因不能够在时间和精力允许的范围之外做更多的事情而体验到罪恶感，所以我们屈服于别人对我们的任何要求。”

……

于是，内向的人拼命想改变自己，世界似乎也拼命想改变他们，结果，两败俱伤。因为，大家都忘了——生命最重要的功能和最精彩的呈现，不是做什么事，而是存在本身。

如果这个世界，每个人都能在做事的同时接纳自己和他人的存在本身，按照天性做自己，你会发现，“内外向”其实不再是截然对立的两极。事实上，它们是一个连续体，我们每个人都在这个连续体上运行自己的生命，有人偏左一点，有人偏右一点，而到了最终，生命最健康的发展，是渐渐向当中移动。

所以，作者说：“如果我们意识到这一问题，我们在连续体上移动的能力就可能提高……每个人都有一个天生的休息点，在那里，他或她可以恢复充沛的精力并消耗尽量少的精力……我们需要各种类型的个性力量来实现世界的平衡。”

假如你曾经是我的来访者，假如你曾经因为内向的苦恼而寻求过帮助，你一定会发现：这句话，很耳熟，我说过，作者说过，将来有一天，当你真正意识到自己的优势时，你也会这么说。

无论内向还是外向，唯有发现自己的优势，并快乐积极地培育和发挥它，我们才能真正驾驭自己的天性，不再做“离水之鱼”。

了解与自己不同类型的人、改善你与他们的关系，无论他是你的子女、员工、同事抑或伴侣；它还会帮助你“打开一扇门，提供一种全新的方式来思考内倾并发展自我反思的能力”。

之所以与大家分享这篇文字，是因为日常工作中，我接触了太多对自己的性格不满、想要做别人而不是做自己、结果更加痛苦的人。

一位大学生朋友说：“很多人，包括我父母都是内向的人。我喜欢一个人待着，有时候强迫自己参加聚会，结果聚会结束后更累、更孤独、更加不喜欢自己。我该怎么办呢？这样下去是不是以后连工作都找不到？”

其实，各种性格都有自己不同的优势，真正的改变是发展和成长，而不是否定和对抗。

那么，为什么大多数人都认为内向不好呢？这是因为很多人都误解了心理学上所说的“内向”和“外向”。

从专业的角度来说，内向和外向代表着两种不同的性格倾向，所以更准确的表达是“内倾”和“外倾”。

内外倾最早是由荣格提出的。内倾态度类型的特点是心理能量经常指向内心世界。这种人往往对个人内在的精神世界格外感兴趣。内倾的人更喜欢一个人沉思默想，而不太喜欢与他人交谈，其外部的典型表现是沉默寡言、喜欢离群索居。他可能一生只有几个朋友，但对这些朋友都很忠诚友好。

外倾态度类型的特点是心理能量往往流向外部世界。外倾的人往往对外部事件、他人和客观事物感兴趣，因此能较好地适应外部环境，喜欢和擅长交际，待人热情而乐观，属于“自来熟”“乐天派”。

荣格认为，在每个人的精神世界中都有这两种不同的态度类型，受自我控制的态度类型处于意识之中，而不受自我控制的态度类型则处于潜意识之中，但两者并不是毫无关联的，潜意识的态度类型可以补偿意识的态度类型。

例如，一个想和他人交际的内倾者，可能会向人们喋喋不休地谈论他想说的话题，而不管别人愿意听还是不愿意听，他自己仿佛茫然不觉，但说过之后心里就感觉好一些。这实际上是他的潜意识在暗中发挥作用，也叫作心理补偿作用。

内向的人、外向的人各有优势和需要成长的地方。我们先从三个方面来看其优势。

（1）经验的广度和深度。

外向的人倾向于广度。他们喜欢了解很多事物，对很多领域都抱有热情，喜欢交很多朋友（但也许都不够知心），喜欢尝试不同的东西。对他们而言，生活就是要积累尽可能广泛的经验。

内向的人倾向于拓展某一方面的深度。他们同样会对许多领域和事物抱有兴趣，但与外向的人不同，他们大多不会浅尝辄止，而是会深入钻研下去。他们的朋友不多，多数人跟他们只是点头之交，但他们会对朋友交心。对他们而言，太多的经验会造成压力。

（2）对刺激的反应。

外向的人喜欢体验各种不同的刺激，并对刺激有较高的适应值和较高的恢复水平。也就是说，他们乐于接受刺激，并且对刺激有较高的适应能力。

内向的人内心活动水平较高，对他们而言，任何进入大脑的刺激，都会引起紧张水平的迅速升高和“刺激过多”的不舒服感受。

(3) 精力的来源是重点。

外向的人会从外部世界获得精力。对他们而言，聚会、聊天、一起做事情，都是获得精力的方式。而当他们独处时，就切断了他们的精力来源，他们很快就会感到精力耗尽和无聊疲倦。

内向的人，则是自己制造精力。对他们而言，聚会、聊天、一起做事情，都是在花费他们的精力。他们只有在独处时才能恢复精力。所以有些人跟别人在一起时很容易疲倦，独自待着反而神采奕奕，就是这个原因。

但是，内向的人绝非都安静、低调、不善言谈，当他们精力充沛时，可以跟你聊上几个小时，眉飞色舞。同样，外向的人也绝非一定开朗活泼，当他精力耗尽时，同样会一蹶不振。关键只在于精力的水平，以及恢复精力的方式。

了解了自己的优势，就可以有的放矢，找寻适合自己的职业类型、人际圈和生活模式等。比如，外向的人要减压，可以开Party；内向的人要减压，则可以读书、爬山等。

简单概括起来就是：内向性格的优势在于，善于保存精力、可以享受孤独、善于思考；外向性格的优势则在于，善于交际沟通、积极性高、热情乐观。

我们再来看看，内向的人和外向的人需要发展与成长的部分。

内向的人，需要有意识地训练自己的行动力、社交能力和沟通表达能力，保持深度的同时扩展广度，增加自己的人生体验，尝试分享。

外向的人，需要有意识地训练自己的独处能力，增强深入的耐心和习惯，多思考和沉淀。

同时，内外向的人也可以通过了解对方的优势和习惯来提升相处的品质。比如，一位外向的人力资源主管曾经向我抱怨说，她一直在努力帮助一个内向的新员工，希望员工融入团队，但她越努力，对方却躲得越远，让她很不舒服。我告诉她，对待内向员工最好的方式是给对方独处的时间，同时给对方提供展示深度的空间和机会。事实上，只要方法得当，内向员工的绩效表现常常出人意料的好。以销售为例，不少主管都发现，外向员工可能拿下的单更多，而内向员工拿下的单则更大。

反过来，内向的人也要尊重外向的人的表达需要，给对方留出足够的表达时间与空间。

内外向的形成，除了遗传之外，环境的因素更加重要。有大量的研究表明，父母的行为与正在成长中的儿童的内倾和外倾态度类型有显著的正相关。

比如，内倾型的父母，如果采取封闭的教养方式，不带孩子参加社交活动，不指导孩子如何交朋友，而且家庭成员之间也缺少沟通交流的话，孩子就更容易向内倾发展；但如果内倾的父母有意识地与孩子共同成长，有选择地参与社交，积极学习人际交往技巧，鼓励家人之间多分享的话，孩子就可能向着比较平衡的状态发展，兼具内外向的优势，既能够静下来深入思考，又能够积极行动、与人互动。

也许你觉得自己好像介于两者之间，那么你可能属于第三种性格：中间性格。

几乎没有人是完全内向或者完全外向的，只是有的人更偏内向，有的人更偏外向，有的人兼有外向和内向的特质，但两者都不占主导，他们在慷慨陈词和认真聆听之间的切换更加轻松自如，情绪方面也更有适应性。宾夕法尼亚大学沃顿商学院组织心理学教授亚当·格兰特的研究表明，大约三分之二的人是中间性格，另外三分之一是明显的外向者或内向者。

如果你觉得自己可能是中间性格，但又不确定，可以看看下面哪几条符合自己的情况。如果大多数都符合，那么你很有可能就是中间性格。

- 我可以单独完成任务也可以小组合作完成，这两种情况我都无所谓。
- 社交场景不会让我觉得不舒服，但我也不喜欢经常围绕在人群中。
- 我觉得成为众人瞩目的焦点很有趣，但我不喜欢持续太久。
- 有人觉得我很文静，有人却觉得我很活跃。
- 我不需要时时刻刻都活跃，但安静太久会让我觉得无聊。
- 我很容易陷入自己的思考中，也很容易与别人忘我地交谈。

◉闲聊不会让我觉得不舒服，但确实会让我觉得无聊。

◉对于要不要信任他人，有时我很犹豫，而有时我却义无反顾地选择相信。

◉如果我一个人太久，就会无聊，但和别人在一起太久也会让我感觉筋疲力尽。

中间性格发挥得好，会让你在工作与生活中如鱼得水；发挥不好，则可能左右摇摆、患得患失。所以，中间性格和内外向性格一样，了解自己、发展自己，在不同的情境下运用不同的优势，你就会越来越喜欢自己。

无论哪种性格，要想有所改变，都需要在自我接纳的同时有意识、有目标、分阶段地坚持自我提升的行为练习，让它们最终成为你的习惯。

就像我最喜欢的湖畔派诗人威廉·华兹华斯所说："融入多姿多彩的生活之中吧，让天性为您引路。"

08
遇上事儿时，你习惯走脑还是走心

〈 感觉与直觉、思维与情感 〉

一对恋人去买婚房。

未婚妻事先咨询了很多人，认为要看面积、房型、朝向、性价比，而且计划至少得看十个以上楼盘，汇总方方面面的事实和数据后，才能考虑是否购买，她还专门设计了一个看房手账。

未婚夫觉得这样太麻烦了，当他们走进第三个楼盘的样板间时，一缕阳光正好射进厨房，他立刻觉得自己被点燃了，说："不用再看了，就是这里了！这里放两张吧凳，这里插几枝鲜花。每天下班后，你坐在客厅摇椅上看书，我在厨房里给你烧饭，多温馨啊！"

听起来很浪漫的表白，却让未婚妻气不打一处来，回想起恋爱以来的种种，她觉得未婚夫太不可靠、不成熟，大事小事都得自己操心，跟他在一起实在是缺乏安全感，越想越犹豫，最后干脆说："我们还是先别结婚了！"

未婚夫万分不解，不知道自己哪里做错了，两人在朋友的劝说下走进了咨询室。

咨询室里，这样的故事不在少数，很多准新人因为买房和装修，最后吵到要分手。分析原因，除了少数情况是关系本身存在问题外，更多的其实都是因为彼此不了解的性格差异导致的。因为不了解，所以很容易扣上爱或不爱、可靠或不可靠的大帽子，影响到情感的发展。

以这对恋人为例，他们虽然情深意笃，但在观察和接收外界信息的用脑偏好上，以及做决策的方式上都是不一样的。

获取信息的用脑偏好的差异

首先来看他们获取信息的用脑偏好的差异。

未婚妻是一个注重细节、喜欢收集信息、强调客观事实和实际的人，更关注今天和眼前；而未婚夫则不那么看重细节和客观信息，更多着眼于事物的可能性与关联性，注重潜在远景，关注未来。

荣格把未婚妻这一类型叫作“感觉型”，把未婚夫这一类型则叫作“直觉型”。感觉型关注事实，直觉型关注可能性。和这位未婚妻一样，很多感觉型的人都认为直觉型的人不靠谱，因为直觉型的人很少提供细节和客观信息。然而有趣的是，心理学家发现，直觉型的人虽然无法通过罗列细节和事实的方式来解释自己的选择，但他们却更适合做决策者。

未婚妻听我这样解释后，嘴巴都张大了，半天才说："原来是我自以为是了，怪不得大家常说'小事走脑、大事走心'，原来是有道理的！"

就像内倾和外倾一样，在荣格看来，感觉和直觉也是每个人都具有的，只是每个人的优势功能和偏向有所不同而已。

感觉功能占优势的人，往往对客观事实和事物感兴趣，喜欢从事科学研究，对发现事物是如何发挥作用的非常敏感，常常如醉如痴地钻进具体细节中出不来。由于过于关注细节，很可能出现"只见树木不见森林"的情况。

而直觉能告诉我们可能会发生什么事情，就好像一个人真的"能看见即将发生的事情"，并且产生某种预感，却无法解释或发现这种内容究竟是怎样存在的，因为更多是潜意识层面的活动。

日常谈话中，直觉功能占优势的人经常会突然从一个话题跳到另一个话题，让别人顺着他的思路来弥补他可能漏掉的一些内容。由于这种人的直觉功能特别强烈，因此，他们的心态实际上表现为两种极端，要么生活在过去，要么生活在将来，而对现实生活却常常感到最不舒服，给人一种"只见森林不见树木"的感觉。

直觉功能占优势的人会觉得他对世界的看法经常被别人误解为某种低劣的东西，如果经常出现这种情况，而他的心理承受能力又比较差的话，就有可能患上神经症。

总的来说——

感觉型的人相信眼见为实，觉得事实才是最可靠的，怀疑推导出的理论；而直觉型的人相信自己的直觉，即第六感，比起事实，他们对事物可能代表的含义和弦外之音更感兴趣。

感觉型的人注重事实和细节，喜欢按规则办事；而直觉型的人注重想象和可能性，喜欢按感觉办事。比如，感觉型的人经常按照说明书认真组装衣柜和家电，而直觉型的人会凭想象组装，只有遇到障碍时才会打开说明书。

感觉型的人相信地图，相信教授说的真理；而直觉型的人更相信第六感，认为凡事都有例外，对专家的话选择谨慎对待。

感觉型的人会认真挖掘一切需要得到的信息和依据，觉得这样才能充分思考；但直觉型的人不喜欢搜集过多信息，更喜欢分析基本信息背后隐藏的某种规律、可能代表的某种内涵等。

感觉型的人关注“是什么”，实际而仔细，算得上明察秋毫；直觉型的人则更关心“可能是什么，暗示着什么”。所以，感觉型的人保守，经常固守现实，相信并使用已有的经验、传统和技能；直觉型的人更喜欢突破传统和各种教条主义。感觉型的人喜欢维持事物的原貌和传统；而直觉型的人想要改造旧有事物和思想。

在思考维度上，感觉型的人注重眼前利益，毕竟未来对他们而言像是虚无缥缈、不切实际的假说；直觉型的人可以为暂时没有回报但后期回报很大的事情而用心奋斗。

因为这样的差异，所以直觉型的人婚后会认为感觉型的伴侣太古板太俗气，而感觉型的人婚后会认为直觉型的伴侣太不切实际。如果双方不积极相互了解和包容，婚姻关系就很容易出现问题。

决策方式的差异

另外一种差异也是潜在的婚姻杀手，就是决策方式的差异。

就像这对恋人，他们在做决定时的用脑偏好也是不一样的。未婚妻偏好思维，比较理性，注重逻辑分析，决策时不带情感色彩，认为对错比感受更重要；未婚夫则偏好情感，比较感性，做决定时重视感情和关系，认为感受比对错更重要。

有个笑话最能说明这种差异：一位感性的丈夫送花给理性的太太，太太不仅不会感到幸福，反而还抱怨说，我情愿你送的是一棵花菜。

通常，偏好思维的人，逻辑思维能力强，做事也比较系统化。在爱情和婚姻生活中，重视伴侣的能力和智慧，对太多的情感会觉得肉麻。而偏好情感的人非常讨厌思维型的人一本正经的行为和强势的作风，他们喜欢以任何方式来表达疼爱之情，揉背、亲吻、昵称，有时显得比较情绪化。

如果夫妻双方在这个维度上是相反的，常常是情感型的人听不到对方爱的表白而抱怨对方冷血，而思维型的人觉得对方的想法不可理喻，他们的思维方式是，因为爱你才娶你的，婚后的表白是多余的。

思维型的人精于算计，理性到没有朋友，可能六亲不认，让人觉得特别冷漠无情。情感型的人会想尽办法做让别人高兴的事情，一心只想着取悦别人而忽略了自己，甚至自我迷失，给人的感觉是墙头草、毫无原则、没有自我。

思维型的人注重客观事实，讲究逻辑性，因此喜欢怀疑别人，其思维方式往往是：先假设别人是错的，然后再证明别人错在哪里。情感型的人刚好相反，关注的是和谐、友好的氛围，因此不喜欢怀疑和批判别人，他们的思维方式通常是：先假设别人是对的，然后再验证别人对在哪里。

思维型的人讲求客观事实，以公正、真理、逻辑作为思考和行事准则。一方面，当他们不赞同某人的观点时，会直截了当地指出来，不会考虑当事人是否能接受反对意见；另一方面，他们不太善于表露（表达）内心的情感和感受，也比较少跟别人谈心，有时想赞美别人但觉得比较难为情，开不了口。情感型的人追求别人的赞同和理解，特别注重人际关系和谐，会有意识地采用含蓄的表达方式："我应该换个什么说法，用什么口气说话，在怎样的场合说，才能让对方更好地接受我的观点呢？"

思维型的人讲求事实，按规章制度办事。哪怕你求爷爷告奶奶地跟他求情，他也很有可能表现得冷漠、无动于衷，一样的公事公办。情感型的人觉得规章制度应该是有人情味的、有温度的。他们更喜欢说“通融一下吧”“凡事都有例外嘛”“法律不外乎人情，不是吗”等。他们希望自己看起来是友好的，充满人情味的。

了解了这些差异，回过头看伴侣之间的相处，你会发现：原来，相爱容易相处难，是因为彼此之间隔着一个 MBTI 的距离，而关系之中，走心比走脑更有意义。

09
你喜欢临场发挥还是事先规划

〈 判断与知觉 〉

一位职场新人说，自己天不怕地不怕，就怕遇到一个今天风明天雨、说变就变的部门主管。从小到大，她都是一个很有计划、喜欢按部就班完成任务的人。初入职场的时候，她信心满满，觉得以自己的能力和做事风格，很快就应该能崭露头角。

没想到的是，主管是一个随时都有新想法的人，周一开会刚定下来的方案，到了周三就变了。她努力揣摩主管意图，熬夜加班完成的策划文案，最后往往石沉大海、不了了之。她觉得很挫败、很焦虑，不知道是主管的问题还是自己的问题。

我说，如果看成问题，就是问题；看成差异，就能有所成长。

什么意思呢？我们来了解 MBTI 当中的“判断”与“知觉”。这个维度代表着不同的生活态度和处事方式。

判断型的人，目的性强，有决断力，他们喜欢一板一眼、有计划、有条理的世界，更愿意以比较有序的方式生活。他们会根据目标搜集信息，而一旦获得了必要的信息，就会直接采取行动，不会随意变化。

而知觉型的人，往往充满好奇心，开放性和适宜性比较强，他们会不断关注新的信息，喜欢变化，也会考虑许多可能的变化因素，更愿意以比较灵活、随意、开放的方式生活。他们喜欢生活保持弹性和自然，随时准备着迎接更多的信息和事件来帮助自己更好地补充和修正行动方案。他们往往不拘小节，喜欢随遇而安，不喜欢规则和约束。

通俗地说就是：判断型的人凡事必有计划，注重结果，说走就走的旅行对他们来说是天方夜谭；知觉型的人则喜欢临场发挥、注重过程、天马行空，就像梁朝伟一样，一不开心就飞去伦敦喂鸽子，对他们来说一点也不难。

如果你想知道自己或者别人是什么类型，看看你办公桌或房间里摆放的物品，就会有答案：判断型的人经常是井然有序，而知觉型的人更喜欢凌乱美，太规律刻板的形式会扼杀他们的灵感。

同样，判断型和知觉型也没有好坏对错。对个人来说，可以在了解了自己的优势功能后有意识地改善和提升自我。对团队来说，则可以优势互补、相互包容、磨合出最佳的搭档组合。

就像案例中的职场新人，在发挥自己判断型的优势的同时，也要包容和学习知觉型主管的灵活性，同时掌握与知觉型的人打交道的技巧，比如：

（1）接受知觉型主管的任务时，主动明确完成的时间和要点，同时留出变化的空间。

（2）分解执行任务的过程，不断沟通和确认，随时准备补充主管的新想法。

（3）分阶段提交自己的工作成果，让主管在每个阶段都有临场发挥的空间，这样既可以避免做无用功，又可以提升主管在过程中的参与感和对最终成果的认可度。

反过来，知觉型的主管也要觉察到自己的灵活多变给下属和团队带来的困扰，在保持弹性的同时增强计划性和确定感，推翻原定方案时一定要记得肯定下属的价值贡献，保护判断型人才的优势，避免人才流失或者效率低下。

在家庭当中也一样。咨询中，我常常遇到计划性强的妻子控诉随遇而安的丈夫："家庭外出旅游时什么都不管，一点也不上心。"订机票、订酒店、景点参观，好像全都是妻子的事情，丈夫一副"怎样都可以"的表情，常常让缺乏信心的妻子们误解为"他根本就不喜欢跟我在一起""是不是心里想着别人"。最后，旅游变成吵架之源，丈夫真的渐行渐远。其实，家庭也是团队，不同性格特质的人在一起，重要的是了解差异后相互学习和优势互补，合作完成家庭计划，而不是把对方变成自己的类型。

恋爱当中，判断型和知觉型的差异也常常带来各种困扰。一个知觉型的男朋友，可能会带给女朋友各种新奇有趣的体验，也常常把“将来我们可以一起如何如何”挂在嘴边，但就是只字不提结婚，更不会主动为了将来而提出任何时间计划和行动方案。不明就里的女孩，如果误以为这一定是男朋友还不够爱自己的话，就有可能错过一段姻缘。

遇到这种情况，女孩不妨再主动一点，有步骤有方法地推进关系的发展。比如，“过程管理”和“目标管理”相结合，既坦然享受当下的快乐，也在对方泛泛而谈将来的时候，把你们的将来具体化一下。比如对方说：“等将来我们有孩子的时候……”你就可以接着说：“我希望 28 岁的时候生孩子，你呢？”

任何一种性格类型，都有需要成长的地方。

对判断型的人来说，向知觉型的人学习灵活和弹性，能够让自己活得更加放松和有趣，感受到过程中的意义，人际交往也会更加顺畅圆融；对知觉型的人来说，向判断型的人学习计划和目标达成，则可以让自己活得更有效率，思路也更清晰。

一个准备考研的大学生朋友特别焦虑：“虽然知道应该增强目标性，也确立了大四考研的目标，但不知道为什么，计划总是会因为临时发生的事情而改变。比如我本来打算周末做几套英语练习，但周末一到，天气特别好，我就又会想：不如趁着好天气约同学爬山去，锻炼和社交也很重要。反正，我的想法特别多，管也管不住，而且总觉得新的想法比原来的计划更重要。这样下去，我很担心最后完不成计划、考研失败，我该怎么做呢？”

如果请你来帮助他，你会不会像他的父母一样批评他“意志力薄弱、自我约束能力差、心猿意马”？事实上，读懂自己和他人性格的差异、有目标地积极改善和训练，才可以真正驾驭天性，让天性为自己引路，而不是打击和消灭它。

比如，这位大学生朋友可以这么做：

（1）找一个判断型的同学作为考研搭档，一起备考。

（2）为自己准备两本手账，一本记录学习，一本记录生活。当有了新的想法，就把它记在生活手账上，在形式上分离它对学习计划的影响。

（3）每完成一项计划，就打一个大大的钩，增强自己目标达成的满足感。

（4）每个计划里，都留出一个机动时间，专门用来存放各种新的想法，主动允许大计划当中小变化的存在，减少内心冲突。冲突越少，自己对完成计划的自信心和自我效能感就会越好，反过来又会增强自己的计划性。

○ 练习

在四个维度上，你分别是哪一种呢？不妨好好思考一下你的测试结果。

10
夫妻性格有差异，怎么相处更和谐

〈 彩蛋 〉

现在，我们已经对 MBTI 的四个维度有了一定的了解了。你可以打开你的测试结果，我们一起来具体了解如何用测试结果，进一步指引自己发展自我。

首先，让我们熟悉一下各个维度的英文缩写字母。

MBTI 从四个维度考察个人的偏好

(1)	态度倾向	Extroversion（E）外倾	VS	Introversion（I）内倾
(2)	接受信息	Sensing（S）感觉	VS	Intuition（N）直觉
(3)	处理信息	Thinking（T）思维	VS	Feeling（F）情感
(4)	行动方式	Judging（J）判断	VS	Perceiving（P）知觉

也许你会发现：你自己或者身边的人，可能在工作和生活中的表现不大一样。比如许多媒体人给别人留下的印象是外向活泼的，然而实际测试下来，却属于内倾型。这种情况，我们叫作

“职业化外向”——是在工作中发展出来的性格倾向。

一对夫妻，丈夫是在生意场上左右逢源、在众人面前谈笑自如的人，妻子更活跃，不但在家话多，还喜欢和朋友在一起。

婚后半年，他们吵开了，丈夫说：“我已经厌倦了你的朋友，我们什么时候可以就两个人好好待着？我特别需要安静。”而妻子认定丈夫和自己一样，也是一个外向的、喜欢交友的人，冲她发火是因为现在不喜欢她了，所以才讨厌她的朋友。

我请夫妻两人分别做了测试，让他们看到：实际上丈夫天性是偏内向的，只是工作环境需要他有外向的表现，所以发展出职业化的外向。回归到自然的生活状态，他更喜欢的还是安静和独处，而这一点，与爱不爱妻子无关。

其次，我们可以通过四个常见组合来了解自己。

SJ 组合：忠诚的监护人

测试结果中有这个组合的人，工作风格通常是：能够严格遵守期限要求，喜欢在有结构和稳定的环境中解决问题，关注细节，喜欢事先准备，同时也关注氛围、愿意融入，是现实的决策者。

- 常问的问题：什么？
- 风格：稳定器 / 平衡者 / 循规蹈矩者。
- 寻求：所有物 / 财产。

- 弱点：害怕混乱 / 无序 / 无组织。

SP 组合：天才的艺术家

测试结果中有这个组合的人，工作风格通常是：能够应对紧急事件和压力，喜欢解决具体问题，特别是在危险、紧张的环境中表现出色。喜欢同时处理大量的事情，是“适应的现实主义者”。

- 常问的问题：什么时候？
- 风格：排忧解难者 / 谈判者 / 救火员。
- 寻求：行动。
- 弱点：害怕常规 / 例行公事。

NT 组合：科学家、思想家

测试结果中有这个组合的人，工作风格通常是：经常产出高质量的新观点，希望他们的观点和成就能够被他们尊重的人看重。有很强的自主性。常常被评价为“有逻辑性且机敏”。

- 常问的问题：为什么？
- 风格：梦想家 / 理论家 / 有远见。
- 寻求：能力 / 胜任感。
- 弱点：害怕无能 / 无能感 / 不胜任。

NF 组合：天生的精神领袖

测试结果中有这个组合的人，工作风格通常是：喜欢用“养育”的方式来帮助他人，愿意充当别人的资源。喜欢在令人鼓舞与和谐的环境中被认同和支持。擅长充分利用自己的才能，善于激励他人和自我激励。经常被认为是“热心而有洞察力”的。

- 常问的问题：谁？
- 风格：催化剂/助人成长者。
- 寻求：同一性/本来面目。
- 弱点：需要克服过度的内疚/罪责感。

每种组合各有优势和需要成长的地方，希望你在了解自己的同时，也能看见人与人之间的不同。我们很容易在外人面前保持尊重和礼貌，但和伴侣、家人、朋友、同事等相处时，却常常忘记彼此之间的性格差异。如果一味期待着对方能够懂得自己、理解自己，按照自己的心意来做事情，却忘了理解和尊重对方的话，就容易产生各种各样的矛盾。

比如，一个判断型的妻子会常常抱怨知觉型的丈夫邋遢，而知觉型的丈夫又会因为判断型的妻子擅自整理他的书桌而恼怒。

具体来说，每种性格类型都有需要被理解和自我提升的地方，我们一一来看。

内倾 vs 外倾

我感觉自己是比较典型的内向者，不喜欢交际，但是我又很害怕孤独，一个人待着会觉得比较寂寞，不知道怎么打发时间。我该做些什么呢？

这位朋友的忧虑很多人都不陌生。

内向的人，精力和注意力更多指向内部，也容易在内在世界的探索里得到满足。所以，学习充实和丰富独处时间，是内向者从害怕孤独发展为享受孤独，甚至在孤独中获得成就满足的最好办法。

具体来说，可以制订一份读书和写作计划，也可以加入线上或线下的读书会，在自己擅长的领域里交往同样能够享受孤独的朋友。不喜欢交际，并不等于只能离群索居。可以尝试参与一些与孩子有关的志愿者活动，在没有压力的社交场合中与外界保持适当的联系。这，也正是内向的人自我发展的功课之一。

内向的人，往往会面临不擅长处理人际关系的问题，苦恼于交际面窄，这虽然在生活中可以很自如，却会影响工作。除了执着于训练自己的社交能力、沟通能力之外，还可以从“战略”上改变自己，把“我不喜欢交际”的自我描述改为“我更喜欢有深度的关系”，不强迫自己参加泛泛而交的活动，把精力用来给有需要的人“提供服务”，在需要帮助的情境下，能够迅速建立起相对深度的关系，而这也是内向性格者擅长做的事。

与内向的人相处，需要注意的是，当他表现得过于安静时，不要轻易去误解他是冷漠的、自负的人。

与内向的人相处要注意五个方面。第一，接受他们。第二，欣赏他们。第三，不要强迫，而是陪伴和等待。强迫内向的人走出家门、融入集体，其实是适得其反的，内向的人需要充分的时间自我准备，才能慢慢走出自我的舒适区。第四，随时倾听和回应。内向的人擅长倾听别人，所以对自己有没有被认真倾听也会特别敏感。第五，求同存异、和平共处。这五点相处建议，也同样适用于其他类型的性格差异。

反过来，外向的人热情，擅长交流，但往往可能会疏于倾听，这是外向的人需要注意避免的弱点。另外，外向者也常常会因为兴趣过于广泛而缺乏深入探索的精神。所以，需要有意识地训练自己深入钻研的能力，而这一点，正好可以向内向者学习。

感觉 vs 直觉

感觉型的人缺少自主决断的能力，不擅长处理非结构性的问题。因为这类问题含有很大的不确定性，一般都要求人们有一定程度的独立判断能力，能自己决定行动步骤以及怎样执行。所以，他们在模糊领域做决策时，会表现得很急躁，因为在模糊领域没有绝对的对与错。他们倾向于关注现实、外界的事实和具体的经验，而较少做个人的反思。

认识到这一点，感觉型的人可以做针对性的学习与训练。同时，向直觉型的人学习，尝试在大事上捕捉自己的第一感觉，而不是顺从习惯查找资料做分析判断，慢慢培养自己的决断力。同时，选择正念、日记等方式，练习自省。

直觉型的人，显而易见的弱点是不愿意重复同样的事，急于下结论，并且对日常琐事表现得不耐烦，不愿意花时间精雕细琢，容易在细节上出错。另外，直觉型的人思维跳跃，往往会对不能立即明白自己观点和价值的人表现得不耐烦，缺少耐心。对这样的弱点，一方面，可以通过避免强调细节的工作避开自己的弱项；一方面需要培养自己观察入微的能力。在交流与合作上，则要有意识地培养自己的耐心，在自己思维跳跃的时候，如果别人表现出疑问，培养自己耐心解释的习惯，而不是质疑别人。

下面分享一下，库克升任苹果CEO之后，回到母校为毕业典礼所做的致辞。

对我来说，这一生最重要的体悟，来自一个简单的决定：加入苹果公司。进入苹果，从来不是我对自己的人生规划，却是我做过的最好决定。为了做出这个决定，我必须跳脱出自己的工程师思考模式。工程师做决策是靠分析，不会夹杂感情因素。面临选择的时候，我们计算成本效益，找出最合理的选项。

但是，人生中的某些时刻——特别是面临重要抉择的时候——斤斤计较成本与效益，并不是做决策的好方法。当某些方向让你感觉“对了”的时候，依赖直觉可能更好。

思维 vs 情感

这也就是我们常说的理性 vs 感性。下面是一位妻子给我的留言。

每次上班有不如意的地方，回到家跟老公吐槽、抱怨时候，他总是给我讲一大堆道理，还要我从自己身上找原因。这些道理我都懂，跟他说就是想撒个娇，求安慰。他这样一来，就演变成吵架了。如何跟他撒娇求安慰，不那么心累呢？

感性的人向理性的人求安慰，需要先肯定和满足对方理性的需要，比如讲道理。理性的人是用讲道理和给建议的方式来表达爱的，所以感性的人可以在心里安装一个“爱的翻译机”——读懂与自己不同的爱的语言，虽然这些语言让你难以满足。

接着，记得感谢对方的建议，可以说“我记住了，下次试一试”。然后才开启你的撒娇模式，说：“抱抱我，可不可以？”要记住：想开启理性之人的感性部分，需要先动用你的理性力量，简单明了地告诉对方怎么做，而不是让他猜测你希望他怎么做。

由于思维型的特点，他们非常适合在工业化的企业工作。但是他们的弱点也很明显：对待他人的感情非常冷漠，即使在生活中，与朋友、伴侣相处也常常采用逻辑思考的模式。因此，他们常常表现得硬心肠，只和同属思维型的人相处融洽。此外，思维型的人在工作中非常讲究原则，在面对重大抉择的时候，可能给自己、给家人都会带来伤害。

由于以上两种弱点，思维型的人往往在事业上能够取得成就，却生活得不幸福，常常被人认为是苛刻、教条和令人讨厌的。

在感情方面，思维型的人首先要学习让自己的情感自然流露与表达；其次，也是最重要的，要学习与他人共情。理解不同类型的人的特点，并尝试在相处中做适当的妥协，让自己变得圆融一些，这样才能在生活中更加顺利。

反过来，情感型的人特别注重人情相处，却也因为这样，使得他们不擅长应对冲突和争议，往往不能坚持立场而显得左右摇摆，甚至转变立场站到对立面。因为对他们来说，追求和谐是第一位的。

但是，这种特点实际上并不能真正解决争议与冲突，而是把问题暂时埋下，为了人情而追求和谐，往往让冲突在日后以更大的形式爆发出来。因此，他们需要学习思维型的人缜密与理性的特点，在处理冲突时秉持公正与解决问题而不是抱持息事宁人的态度。

判断 vs 知觉

这部分前文已经详细讲过，你可以反复学习。

不同性格倾向的人之间的相处小贴士

E → I	留出私人的、反省的时间
I → E	解释时间的需求，容许他人为澄清问题的“多话”
S → N	首先给出概貌，然后详述细节
N → S	先说基本成型的具体观点，注意涉及相关的细节
T → F	考虑对人的影响，由一致意见开始
F → T	考虑原因和结果，简洁
J → P	容许其计划、工作方式中的灵活性和不愿被控制的需要
P → J	容许计划和结构，以及他人控制和决定的需要

这里分享维吉尼亚·萨提亚的一句经典表达：“人们因为相同而彼此连接，因为相异而有所成长。”希望你窥斑见豹、有所洞见，做一个终生发展、学习彼此的人。

CHAPTER THREE

第 3 章

爱情养成：经营亲密关系

〈 亲密关系 〉

11
原生家庭如何影响着你们的亲密关系

〈 共同人格 〉

亲密关系是人际关系的一种，它具有以下几个特点：持久的相互依存，经常的相互作用、情感依恋以及精神上的满足感。满足这些特点的人际关系都可以称作亲密关系，比如，亲子之间、手足之间、好朋友之间的关系等。

一个人的人格完善和自我发展，有相当一部分是在关系中完成的。而婚姻关系，是家庭亲密关系中最基础的一种关系，其他如亲子关系、代际关系等都由婚姻关系派生而来。当两个独立个体从恋爱走入婚姻，就从个人的发展走入了共同人格的建设与发展阶段。把握得好，生命的宽度将得到更大的拓展；把握不好，则会反过来影响到个人的发展。

什么是共同人格呢？我们由浅入深一步步来展开学习。

先来看一个案例。

一对夫妻在我这里做过3年的咨询，起因是10岁的孩子突然出现了“学校恐惧症”。随着咨询的进展，夫妻开始意识到问题的根源出在婚姻关系上，孩子的问题得到缓解后，他们下定决心继续努力，以在婚姻中得到更好的成长。

我反复跟他们确认说：“你们真的想要成长吗？成长并不总是愉快和直线上升的，可能包含着各种痛苦、各种考验，而且会打破你们之前虽然不喜欢却习惯了的平衡，在螺旋式的进程中摸索和重建新的平衡。这个过程会很漫长，甚至需要一生的时间不断学习和发展。如果是这样，你们还愿意试一试吗？”

32岁的妻子拼命点头，之前的关系里，她在年长10岁的丈夫面前一直扮演着任性小孩的角色，两人的关系模式就像父女，但丈夫没有原则的宠爱不仅没让她得到满足，反而让她产生了更深的无力感和莫名的愤怒，整个家庭生活完全陷入情绪旋涡，如一团乱麻毫无秩序。

她说自己从小就立志不要找一个像自己父亲那样懦弱的、一味忍让伴侣的丈夫，也告诫自己千万不要变成母亲那样随意乱发脾气的妻子。当时嫁给丈夫，本来以为他是一个比自己更成熟更有力量的人，可以带领自己成为更好的自己，没想到过着过着，他们居然又重蹈了父母的模式。她觉得如果丈夫成长起来，自己也会变得更好。

我反问妻子：“如果丈夫成长起来，就意味着他将有力量拒绝你的非理性行为，有力量在你面前平等真实地表达他自己，不再替你背负属于你自己的个人成长责任的话，你愿意吗？”

妻子还没表态，一旁的丈夫开始拼命点起头来。他说：“日子过成这样，我知道不仅是她的问题，我也有很大的责任。但每次想到要改变就可能引发更大的冲突，我就退缩了。看起来我宠她是因为爱她，其实我知道，那是因为我害怕冲突。这一点不仅让婚姻出问题，工作中也同样让我遇到了很大困境，所以我必须改变了。我愿意成为更有力量更真实的人，跟她一起把这个家经营得更好更有秩序。”

我也点了点头：“你们真的做好了准备，在看到问题后，仍然选择与眼前的这个人一起、相互陪伴、想象彼此是同学、一起选修一门叫作‘婚姻’的课程。在这门课程里，你们两人的共同目标是：成为更好的自己，发展出更成熟的共同人格，建设更健康的家庭秩序。”

共同人格，也叫婚姻共同人格（marital joint personality），最早由美国精神分析治疗师迪克斯提出，指的是一对伴侣在潜意识中互相选择了对方，共同创造并维持着某种互动模式。这时候，伴侣双方不仅是两个人，也可以看作两人合力呈现的一种联合人格。

表面上，一对伴侣可能因为意见分歧才不断争吵，但在潜意识中，他们可能都因为各自原生家庭的影响而抗拒亲密，或是需要攻击对方，借此来重新经历自己熟悉的关系模式，虽然这些模式本来是自己意识层面想要避免的。

为什么会有这样的矛盾呢？为什么越是想逃避父母的关系模式，越是要重蹈覆辙呢？这是因为在婚姻和家庭关系中，存在着两个心理学上重要的概念——投射性认同和内摄性认同。

投射性认同，指的是一个人把在某个重要他人身上感受到的情感投射到另一个人身上去，另一个人接收到这个信息后，在某种压力之下真的会变成投射的人认为的那个样子，于是投射的人就证实了他最早投射出来的那些内容是存在的。

比如，在缺少男性力量的家庭中成长起来的一个女孩，在成长过程中，因为缺少体验男性对家庭支撑的机会，缺少依赖男性、信任男性，或者从男性那里获得帮助的经验，于是她形成了“女性必须自立自强，自己帮助自己”这样的人生信条。所以结婚后，她会无意识中感觉自己的丈夫是靠不住的，她必须依靠自己努力奋斗来照顾好自己。

她可能用很多的行为方式将丈夫无法靠得住这个信息投射到丈夫身上去，比如她努力奋斗，让自己的能力很强；或者丈夫不管做什么，她都觉得不满意，从而削弱丈夫在家庭中的功能；或者当她在生活中遇上困难时，她不相信可以得到丈夫的帮助；或者丈夫取得的成绩，她无意识中会否认其价值；等等。

慢慢地，丈夫真的成了一个对家庭没有什么帮助的人，于是她越发感到无法依赖丈夫的恐惧，也就越加努力地发展自己的能力，丈夫被再一步削弱，这就完成了投射性认同的过程。

在这个过程中，女孩将她的得不到照顾和帮助的恐惧投射给了丈夫，丈夫在能干的妻子面前感受到非常大的压力，当他不管怎样都无法满足妻子的期待时，他便放弃属于自己的部分功能，进而妻子在关系中感受到丈夫真的是靠不住的，她的预期也成为现实。

所以我们就会明白，在开头的案例中，妻子将父亲的“懦弱无能”投射到了丈夫身上，而丈夫也真的越来越像父亲了。

另外，妻子对母亲的内摄性认同又让她成为自己本不想成为的母亲那样的人。虽然母亲暴躁的情绪让她害怕和厌恶，但她无意识中吸纳了母亲的这部分，在婚姻关系中也就成了她。

我们常说：婚床上躺着的不是两个人，而是六个人，甚至更多。亲密关系能引起无限的期待，也能搅动最深沉的混乱。它是我们拓展生命宽度，更好地自我成长的最佳课堂。

健康的婚姻，为配偶双方都提供了成长机会，双方个体性格缺失的部分都能得到治愈。但在不那么健康的婚姻中，这种缺失反而被确认和强化，威胁着关系质量。

2011 年，《心理月刊》杂志发表了我的一篇专访，题目叫《陪伴与共修：幸福婚恋的两个关键词》。文章里我说：

幸福的婚姻不是一个停滞的结果，而是一个双方共同不断创造的过程。了解这一点，我们才能接通幸福的端点，才不会在问题出现的时候一味地指责和抱怨对方，或者总是感到不满与委屈，才会在婚姻和爱情的关系中把握更多的主动。这样做，你就成为一个爱的缔造者。你的婚姻，每天都好像翻开新的一页，看一看今天来学习爱的哪一课，想一想今天怎样去爱彼此。

一直很欣赏杨绛和钱钟书的爱的方式，在杨绛的《我们仨》中有一个细节：当时杨绛生完孩子还住在医院，钱钟书到医院里对她说家里的门轴坏了，他不知道怎么修。可能在很多女人看来，钱钟书这样的表现是有些不够大气和“男人味”，甚至有的女人会因为一颗螺丝钉而联想到自己是不是嫁错了人。但杨绛只是轻松自在地回答道：“不要紧，我会修。”

在我看来，这不是简单的修门轴的问题。如果两个人其中的一个在某个时间里表现出脆弱、问题，甚至犯下过错，另一个不是去指责批评或争辩到底谁是谁非，也不是去怀疑自己的婚姻是否正确，而是看看我有哪些资源，我在这件事上有什么可以做到的，去与对方分享，去一同解决问题，这样就可以穿越爱情和婚姻中的各种问题，形成积极的共同人格，帮助双方达成自我的完整性，彼此欣赏，并以积极的态度帮助对方成长，和伴侣一起成为更好的“我们”。

○ 练习

用十个词来描述一下你在已有或将有的婚姻关系中，希望跟对方共建的共同人格，看一看，为了实现这些特质，现在的你可以做些什么呢？

12
当 Mr. Right 遇到 Mrs. Always Right

〈 两性差异 〉

20 多年来，我经常被企业、媒体、机关、高端俱乐部等邀请去讲授有关亲密关系和两性相处的课程或讲座，印象最深的一次受邀，来自上海交通大学材料科学与工程学院。

十几年前的那个晚上，同学们挤满了教室，连过道都站满了人，放眼望去，95% 都是男生。我很感动地问他们："为什么在那么多主题中选择请老师讲亲密关系这个主题呢？"前排一个男生抢着回答说："因为我们虽然很聪明，却搞不懂女生和爱情。"

全场哄笑，然后用热烈的掌声告诉我，这是他们的心里话。

不仅是男同学们，很多男性高管也告诉我：自打从男性居多的 IT 行业跳槽到了女性居多的服务行业，他们就不知道怎么做领导了。以前跟下属说话，可以像下军令一样，简单高效、什么都不用想；现在常常还没开口，就发现下属眼睛红了，好像自己很凶很过分似的。每次下达任务，总觉得自己已经说得很清楚了，最后结果总让人啼笑皆非，下属却还等着他们的表扬。

两性之间的差异，不仅让男性头疼，更让女性抓狂，尤其是讲 MBTI 时提到的“妻子想撒娇，丈夫却总是讲道理”这类案例举不胜举，背后的原因，除了双方性格可能存在感性和理性的差别外，更大的可能则在于性别本身带来的差异。如果不了解这些差异，就很容易把小问题变成大矛盾，动不动就上升到“爱或不爱”的层面上，给亲密关系带来致命的伤害。

那么，如何让差异变成个人发展和爱情生长的空间，而不是情感与关系的裂痕？

首先来看第一个差异：大脑发育和使用的差异。

20 世纪 90 年代，神经科学在发现男女大脑之间解剖学和功能差异等方面，取得了许多具体且经过实证的重大进展。其中一项研究显示：女性先发展感觉中枢和语言中枢之间的神经结，后发展行为中枢；而男性正好相反。另外，女性可以同时使用左右脑，而男性同一时刻只用一侧。

从两性的神经回路上看，女性的左脑和右脑高度连接；而男性的大脑是前区和后区连接性强，左右半球唯一强连接处是小脑。也就是说，男性的运动神经更发达、更善于行动；而女性大脑则更善于处理社交技能和记忆，更能同时做多件事情。

基于大脑的差异，两性就有了第二种差异：行为上的差异。女性的冲动是说，男性的冲动是做。比如心理学家做过一个实验，把婴儿和妈妈用玻璃幕墙隔开，女婴儿坐在原地看着妈妈哇哇大哭，男婴儿则迅速地向妈妈爬了过去。

第三种差异：感受上的差异。男性必须先想到感觉，然后才能谈到感觉，而女性可以同时感觉、谈论和思考。

第四种差异：表达方式的差异。女性以言语表达感觉，男性以行动表达感觉。

第五种差异：沟通目标上的差异。男性以解决问题为目标，女性以表达感受为目标。

第六种差异：沟通风格的差异。女性私下场合谈话数量较多，喜欢咨询与讨论，喜欢赞美，喜欢谈论人际关系的细节，喜欢重复，视冲突为关系的威胁；而男性公开场合谈话数量较多，不喜欢咨询及寻求帮助，多命令语气及主动提供信息，喜欢谈论自己的英雄故事，不喜欢重复，习惯简单直接地处理冲突。

第七种差异：性别特质的差异。男性通常理性、果断、任务取向，愿担风险；而女性则更情绪化，属于依存性的自我建构、关系取向、规避风险等。

比如，同样是买面包，丈夫和妻子的反应就大不相同。如果妻子问丈夫：面包哪里买的？丈夫会告诉她在哪条街道的哪个面包房、离家多远、拐几个弯等。而如果丈夫问妻子：面包哪里买的？妻子的第一反应往往是：怎么啦？有什么问题吗？你不喜欢吗？女性喜欢在关系里找安全感，所以对人和事的理解往往也都会放到关系里去看。一对夫妻，曾经因为丈夫用微波炉蒸蛋没成功，蛋浆爆了一炉而吵到要离婚，也就是这个原因。

另外，还有一种让许多男性百思不得其解的状况：他们发现让女朋友或者妻子记住一个方位或史实很难，但一旦吵起架来，所有陈芝麻烂谷子的事情她们却记得清清楚楚，每次翻老皇历翻得他们头皮发麻。

事实上，研究证明，女性和男性在记忆的一般能力方面没有差别，但女性在情绪性记忆，以及与人际关系有关的记忆方面特别突出，所以一吵起架来，那些不愉快的相处片段，以及“你走在街上又多看了一眼美女”等记忆全被激活，接着就一边伤心、一边谈论自己的不满、一边在思考“他到底爱不爱我”了，而男性这时在感觉、记忆和思考方面都还没有跟上来，于是常常觉得特别烦。

一个恋爱中的女孩问：“我很喜欢情感表达，也期待听到甜言蜜语，可是男朋友不爱说，每次套话都被打岔，有次我干脆直接问他，他说不爱说肉麻的话。可他一直不说我也蛮难受的，该怎么办？”

男朋友不习惯用语言表达爱，有很多可能的原因，比如之前讲过的依恋模式的差异、性格特征的差异等，从两性差异来看则是：女孩在说和听的过程里就能得到爱与被爱的满足，而男孩往往是通过行动来表达爱的。

女孩可以仔细回忆和观察一下两人的相处，记录一下男朋友让自己感受到爱的每一个行动，把它们都收纳到你们爱的词典里，就像在不同的国家爱的语言不同一样。另外，也可以尝试创造一种只有你们俩才懂、男朋友能够接受的“我爱你”的表达方式，让它增强你们彼此的默契。比如，用手指在手心里走路，或者揪揪对方鼻子等。

说到爱的不同表达方式，我常常会给大家讲一个笑话。

一个人坐的大船遇到风暴，他被冲到了一个不知名的小岛上，岛上的人热情浪漫，语言优美。他最初觉得新鲜，后来难以适应，终于有一天他忍不住了，问一个岛民：为什么你们一定要说“天上的星星落进你的眼睛，那火光点燃了我心中的枯木”，而不直截了当地说“我爱你”呢？岛民奇怪地看了他一眼，说：“在我们这里，只有诗人才这么直截了当地说话呢！”

如果你听懂了这个笑话，就会对人与人之间的差异有更深的领悟——在女性看来理所当然的事情，到了男性那里，或许是匪夷所思呢。

比如在情绪管理方面，心理学家的研究发现，和男性相比，在同样诱发愤怒的情境下，女性会体验到更多的愤怒，但在愤怒情绪的表达上，女性更多地采用内部愤怒、被动攻击的表达方式，男性则更多地采用外部愤怒、攻击他人的表达方式。这种差异导致女性会因为过多的愤怒而引发身体疾病，男性则因为过多的愤怒而伤害他人。

此外，女性比男性更擅长分辨不同的情绪体验，并用更加复杂和有层次的方式讲出来。比如，当工作不顺利的时候，男性可能只会说一句“压力好大”，但女性会详细描述工作情境中的各种感受，将压力具象化，包括“焦虑，感到能力被质疑”等。

再有，女性在共情和回应他人的能力方面通常也高于男性。女性更擅长捕捉和理解别人的非语言信息，包括面部表情、肢体语言等。如果相处之中没有意识到这个差异，男性就会觉得女性太“作”、太难琢磨，女性则会认为男性迟钝、不解风情。

女性常常过度解读男性的表情和肢体语言，男性则往往注意不到女性的情绪变化过程。所以经常出现的情况是：女性因为男性不知道自己为什么生气而更加生气，男性则因为确实不知道女性为什么生气而一肚子委屈。对任务取向的男性来说，即使是热恋期，爱情也只是生活的一部分；而对依存性自我建构和关系取向的女性来说，爱情则往往会被误解为生活的全部。

面对诸多的差异，如果一方始终想着改变另一方、无法换位思考的话，关系就很难健康发展下去。同时，我们还要警惕另外两种情况对关系发展的影响。

第一种情况叫作“行动者 / 观察者效应”。指的是：人们常常能感受到自己行为的外部压力，容易对自己的行为做出外部归因，却很少考虑到同样的环境会影响他人，在对他人行为归因的时候，容易做出内部归因。比如，自己发脾气，会归因为生理期、心情波动大；而当男朋友发脾气时，却不会考虑是不是他最近工作压力比较大等，而是觉得男朋友脾气暴躁。

第二种情况叫作“自利偏差”。指的是：人们在事情顺心时容易归功于自己，而当情况变糟糕时则寻找外部理由。比如，当关系进展顺利的时候，很容易把一切归功于自己对这段关系的付出和牺牲，而当关系变糟或者最终分手时，却总是倾向于指责对方，“他从来没有站在我的立场考虑过”“他真的很自私”，却很少反思自己的过错，等等。

上面讲到的这些差异，在每个个体身上又可能有具体的不同。了解差异是为了更好地相处，所以给大家的建议是：女性多读一读安徒生的童话《老头子总是对的》；男性则多想一想，如果自己是 Mr. Right（对的男性），而对方是 Mrs. Always Right（永远是对的女性）的话，在坚持对错和共创幸福之间，哪一个才是自己更想要的呢？

13
原生家庭不是“原罪家庭”

〈 原生家庭 〉

我们从不同的角度来认识可能已经听厌的一个词：原生家庭。

原生家庭，从不为人知到众口讨伐，好像已经成了“原罪”的代名词，听说豆瓣上还曾成立过一个叫作“父母皆祸害”的小组。我猜想，小组里一定有很多因为父母不当的养育方式或原生家庭的各种问题而受到伤害的朋友。组名虽然极端，但隐含的情绪令人心痛。我很希望这个小组的成员们能通过个人成长和创伤修复，与更多能够相互滋养和给予力量的心灵结成联盟，不断发展自我。

当有一天，我们的内在心灵力量大过原生家庭的影响时，就会发现：就像我们都曾是“不完美小孩”一样，天下的父母也都是不完美父母；原生家庭对一个人的影响固然很大，但只有我们自己才是自我发展任务的最终责任人。当我们愿意长大，并且勇敢担负起自我责任后，重新审视原生家庭和父母，会从心底真实地生出一种慈悲，因为心灵内在的成长，真的会让我们“不见诸恶，只见诸苦”。

如果把父母和原生家庭也看作我们的人生功课之一的话，每个人的功课不尽相同，也无可替代。正是这些功课，才让我们成为独一无二的自己。

我希望，带着大家一起穿越原生家庭的所有伤痛后，接收到隐藏在原生家庭最深处的祝福，而不是诅咒。

原生家庭，是指自己出生、被抚养和成长的家庭，一般由父母、兄弟姐妹或爷爷（外公）奶奶（外婆）组成。在一生中，对我们影响最早、最大也最久的，就是原生家庭系统。原生家庭是个人情感经验和两性相处方式学习的最初场所。原生家庭系统成员相互影响，特别是父母的思想观念、性格特点、行为方式、夫妻关系、教养方式等，更是潜移默化地影响着子女未来家庭和亲密关系的建立。

心理学家把原生家庭对人的影响总结为下面三个要素。

第一个要素：家庭排行

心理学家阿尔弗雷德·阿德勒是最早提出“出生顺序效应”的人，指的是在同一个家庭中的兄弟姐妹，由于其出生的顺序不同而产生的在家庭中的独特经验与不同地位，使孩子不得不采取相应的方式适应生活，他的生活风格发展也受其影响。

先来看独生子女。独生子女会同时具有长子和老幺（长辈对排行最小的孩子的一种昵称）的特质，表现自我中心的同时，赡养焦虑和孤独无助感也会比较重。

再看老大。家里老二出生以前，老大独占父母的爱。所以反过来，弟妹的出生直接威胁到老大内在的安全感，如果父母没有妥善处理，老大就可能表现出自私自利、霸道和心怀怨恨。

我曾经在飞机上协助空乘处理过一起应激事件。

当时由于大雨，本该飞往广州的航班临时改降珠海。飞机刚停稳，就听见有人一边奋力敲击窗户，一边大喊："放我出去！我是世界上最重要的！谁也别想关住我！"安全员立刻起身把这位20来岁的女孩带到前舱人少的地方入座，却不知道如何安抚。

我示意另一位和女孩年龄相仿的空乘和我一起，在取得女孩的信任后，坐在她身边，在她混乱的表述里慢慢梳理出她的身世背景及家人的联系方式。整个过程中，女孩反复说一句话："我不是坏人，我的弟弟妹妹是！他们都该死，但我不会杀死他们！杀死他们我就成了坏人！"

知道她潜在的发病原因了吗？作为农村家庭的老大，她发现自己不但无法独占宠爱，还要承担起照顾弟妹的责任时，长期的失落和怨恨导致她分裂出了另外一个"世界上最重要的自己"，这个自己比刘亦菲还优秀，只有胡歌才配得上……极端的情况是个例，但现实生活里，的确有不少老大背着父母打弟妹出气的。所以，这里顺便给打算要二孩的朋友们提个醒：多帮老大做好心理准备，给孩子们一个更安全温暖的原生家庭环境。

然后看排行中间的子女。中间的子女容易被忽略，所以通常比老大更敏感、更善于讨好他人、观察能力更强、所承受的压力也更大。如果原生家庭冲突不断，他们就常常充当调解者的角色。很多时候，老二会成为家族中真正最有担当的人。而老三则往往成为别人眼里的开心果，用逗人开心的方式找到自己存在的价值，然而表面上的开心，往往掩盖不了他们内心的孤独与痛苦。如果处理不好，成年后比较容易出现各种问题，包括酒精依赖、无法建立持久的亲密关系等。一些爱上“开心果式”老三的伴侣，假如不懂他们开心背后的无助，就会被他们情绪的过山车带得六神无主。

最后看老幺。通常情况下，多子女家庭中的老幺，要么得到的关注最多，要么最少。两种情况都可能导致过度的自恋。同时，对他人的认同和尊重特别敏感，一旦觉得被忽视，就容易“情绪过敏”而造成不必要的冲突。

特别需要说明的是，每个家庭的具体情况各有不同，以上例子只是帮助我们了解人与人之间为什么会存在差异，并非给每个排行贴标签、制造错误的刻板印象。实际上，每个排行都有责任心很强的人，每个排行也有以自我为中心的人。了解你和恋人或者伴侣在原生家庭中的排行，有助于你们更好地了解彼此。

第二个要素：情绪按钮

按钮是一个比喻，意思是某些事情一旦被触及，一个人就会有强烈的情绪反应，而这种过激的反应，通常与原生家庭有关。比如，一个人从小总是“被冤枉”或者受到“不公平”对待的话，长大后就会在这两种情况发生时过度反应。而事实是，生活中很多情况并不是过去的事情真的又发生了，而是身边的人碰巧触发了他的按钮，让他混淆了时空。

有些夫妻来咨询时，妻子一方常常会讲着讲着就哭了，而不同的丈夫对待妻子的眼泪反应不同。所以每一次我都会问丈夫：“你看见妻子哭，你的感受是？”如果丈夫有一个从小向他哭诉的母亲，他的反应往往是既内疚又无助，想要逃离；而如果丈夫从小看母亲用眼泪操纵父亲，他的反应则会是愤怒不已、大发脾气。无论哪种情况，夫妻俩都无法在眼泪中产生真实有效的连接和沟通。所以，梳理彼此的情绪按钮，也是亲密关系中的重要功课。

第三个要素：内在誓言

“内在誓言”跟家庭规条类似，通常来自原生家庭的教导或者经历。比如：“求人不如求己，我一定要努力。”“爱拼才会赢。”“只有不停工作，你才有价值。”这些誓言和信念往往成为一个人生活的最高指导原则。

正向的内在誓言可以给我们鼓励，负向的内在誓言则会转变成情绪按钮。比如对把价值建立在不停打拼之上的工作狂来说，任何影响他工作的人和事都会让他情绪失控，甚至出现暴力行为。而且，他无论多么富有，也无法让自己和家人轻松享受生活。

恋人或伴侣之间，了解彼此的内在誓言，也会增进彼此真诚真实地相处，相互理解和包容。

对亲密关系来说，原生家庭中创伤事件的影响，可能导致“强迫性重复”。

100 多年前，弗洛伊德发现，孩子在经历了一件痛苦或者快乐的事件之后，会不自觉地反复制造同样的机会，以便体验同样的情感。他把这种现象命名为“强迫性重复”。意思是：个体不断重复一种创伤性事件或境遇，包括不断重新制造类似的事件，或者反复把自己置身于一种“类似的创伤极有可能发生”的处境里。

例如，一个从小目睹父亲对母亲家暴的女孩，长大后也嫁给了一个对自己大打出手的丈夫，让自己继续活在家暴之中。

原生家庭带来的创伤，往往因为超过了孩子的承受能力而被压抑到潜意识中去，难以辨识和觉察。所以，假如我们发现自己在亲密关系中被卡住了，请一定记得及时寻求专业的帮助。任何时候开始清理都不晚，只要我们勇敢担当，而不是一味控诉。

而说到原生家庭的祝福，我曾经编过一个小故事，送给大家，愿它能温暖你受伤的心。

故事是说一对新人结婚了，双方父母都把家中最珍贵的宝贝——镜子——送给了新人作为礼物，希望他们幸福。在他们看来，镜子是神灵的眼睛，会护佑他们的孩子。他们只相信自己在镜子里看到的一切，而不相信自己看到的任何东西。不同的是，新郎家的镜子照人会变胖，新娘家的镜子照人则会变瘦。第二天，当他们在对方的镜子里照见了与平时的自己完全不同的样子时，都大惊失色，纷纷指责对方的镜子有问题，谁也不服谁，最后扭打了起来。

这时，云游的高僧经过，听到打闹声走进来。问明缘由后，高僧取出自己的镜子摆在他们面前，请他们一起朝里面看。新郎和新娘惊讶地发现：高僧镜子里的自己与先前看到的都不一样……

我想说的是：原生家庭对亲密关系的影响，就像镜子一样，也许是变了形的祝福。只有打造出属于你们自己的共同的镜子，才可以留下祝福，摆脱变形的诅咒。

14
讨好他人不如取悦自己

〈 自我悦纳 〉

关系之中过度付出的背后，隐藏着很深的自我否定和攻击。为了摆脱自己的不够好而拼命讨好他人，这种爱的方式会让付出的一方更加失去自我，而得到的一方要么背负莫名的愧疚，要么体验到莫名的孤独——因为亲密关系中少了一个能够平等对话、相互给受、彼此需要的伴侣，爱的对手戏就很难继续下去。

也许你会问：为什么感情之中受伤的总是付出的那个？为什么付出越多越在乎、得到越多越轻视？

美国心理学家利昂·费斯汀格最早开始研究人们的态度，并提出了认知失调理论。他的学生埃里奥特·阿伦森在此基础上进一步提出了心血辩护效应，意思是：**人们在一件事上付出越多，态度上就越是喜欢。**反过来，也就不难理解：如果一件事或者一段关系里，其中一方很少有机会付出或做些什么，这一方就很难对这件事或这段关系产生强烈的情感。

接下来你会问：那为什么有的人明知如此，却还是忍不住拼命付出呢？这涉及自我悦纳。

自我悦纳是指一个人能正确评价自己、接受自己，并在此基础上使自我得到良好的发展。它在自我认同和自我价值感的基础上发展而来，包含三个方面。第一，真实的自信，可以全面地接纳自己，无论优点还是缺点，成功还是失败。第二，无条件的爱，不因为没有达到某些要求而否定和怀疑自己。第三，充分的胜任力，在工作、生活及亲密关系中，具备充足的自我价值感、自我效能感和满足感。

如果一个人能够做到以上三点，那么他在亲密关系中也能做到爱对方的同时也爱自己，积极付出的同时也吸引对方的付出和投入，不会把爱变成牺牲，可以坦然表达自己的需要，接受他人的帮助。

相反，无法自我悦纳的人，要么表现出“万事不求人”，要么则把自我否定投射到他人身上，无论对方怎么做，都接收不到对方的爱。

理想的亲密关系，是两个人格成熟、自我悦纳的人共同搭建起来的。因为他们可以无条件地爱自己，所以才能无条件地爱对方。

无条件地爱自己，不等于自我中心和自私自利。真正爱自己的人，会自我负责、自我照顾，不会认为自己的快乐幸福掌握在别人手里，同时也允许别人爱他们自己；而自我中心的人，则常常将自我责任推给外界，认为所有的人都应该对他的快乐幸福负责，把别人的自爱当作对自己的伤害。

一位新婚不久的妻子，曾经因为丈夫睡觉的时候抽走了本来搂着自己的胳膊而伤心不已，认定丈夫讨厌自己。丈夫很委屈地说：胳膊都快断了，难道我都不能动一下吗？

无法自我悦纳，大多跟童年经历有关。如果父母不能真的接纳和认同自己，孩子很难得到真正的接纳和认同。

我经常会提醒父母们——

当我们对孩子的某个行为说“不”的时候，也一定要同时传递给孩子一个坚定的信念：“我对你的生命永远说是！”让孩子意识到：“我的行为有错、需要改正，但并不等于我整个人都是一个错误，父母会一如既往地爱我和支持我！”

在这样的养育方式下成长起来的孩子，才可以逐步拥有真实的自信、无条件的自爱和充分的胜任力，成为悦纳自我的人，也会成为一个“好”的恋人，帮助亲密关系中的伴侣发展出他们自己。

除了家庭教养方式外，成长中的某些挫折经历，比如遭遇歧视、被孤立、暴力伤害等事件，如果没有及时得到救助和支持，也容易让人认为发生这些事都是自己的错，从而产生厌恶自己、不接纳自己的信念。遇到这种情况，寻求专业的帮助很重要，同时学着告诉自己：“这不是我的错。因为这些经历，我要更爱我自己。”

一位朋友问：“由于小时候成长环境的因素，比较内向，不自信，就算事情做成功了，也总是自我否定，后来发现对自己的接纳度不够，难以接纳自己不好、不完美的一面。对于接纳自己，有没有一些可操作的方法？”

事情做成功了还自我否定，除了来自外界的原因外，还常常隐藏着一个关于自我发展的误解，这样的人认为：“我要让自己更好的话，只有先让自己感觉还不够好。”

这句话，已经做爸爸妈妈的朋友或许会深有体会——很多时候，我们都在用着同样的方式来对待孩子。比如，本来希望他们更专注，我们的表达却常常是：“你怎么像只小猴子，一点也管不住自己？”

现在，如果请这位朋友做自己心性的父母，他可以换什么样的方式来帮助自己更好地发展呢？

（1）正向表达。无法自我悦纳的人，对自己的描述通常都是否定和负面的；相反，越多使用正向和积极的自我描述，自我悦纳度就会越高。比如，把“我真是一个相貌平平、不起眼的人”改为“我跟 50% 左右的人长相差不多，说明我的容貌在中等水平呢”。

（2）具体化。无法自我悦纳的人，常常会把自己的问题泛化和扩大化，喜欢以偏概全。学会具体化地表达，有助于改善这一点。比如，把“谁都不喜欢我”具体化为“今天遇到的医生，看起来有点不高兴，让我觉得他不喜欢我”。进一步，还可以问自己：“就算他不喜欢我，又怎么样呢？我会失去什么吗？”

（3）不要太快下结论。尝试“让事情飞一会儿”，不要太快下结论。尤其是在亲密关系里，太快下结论会让双方陷入僵局，看不见彼此真正想要的是什么。比如，自我悦纳度过低的人，往往会把对方没有及时接电话的行为定义为“他不尊重我、他烦我、他肯定背着我做了对不起我的事情”……试着先收回结论，看清楚自己的需要，然后给自己一个抱抱，去做一件爱自己的事情，例如泡一杯上好的红茶，等等。

（4）整理一份自我悦纳清单。将 A4 纸分为左右两个部分，左边列出自己的 5 个优点、5 项成功的经历；右边列出自己的 5 个缺点、5 项失败的经历。然后翻过来，在背面对应的位置写上：对于优点和成功的经历，你可以为自己做哪 5 件事情来表示对自己的欣赏与喜爱？对于缺点和失败的经历，你又可以为自己做哪 5 件事情来表示对自己的安慰与鼓励？

（5）终极提问。找一个安静不被打扰的时间，静静端详镜子中的自己，问自己：“假如上帝以我的样子出现，我会全然接纳他吗？”

总的来说，要让关系保持平衡和活力，我们就要先学会爱自己，在共同发展的同时保持自我发展、建立良好的自我边界、维护好自己的心灵支持系统。

15
怎么让老公心甘情愿做家务

〈 角色互换与扮演 〉

在关系之中，把目光从对方身上收回来，不再纠结于各种问题究竟是谁的错，而是将关系看作发展自己的道场，在每个相处的当下学会问自己：我想要的究竟是什么？我自己需要怎样的成长呢？

收回目光，不是放过对方，而是放过自己。当你这么做时会发现：你可以收回自己生命的主权，真正为自己的快乐幸福负责了。

我想起一个有趣的例子。有一次，德国一家知名媒体的男记者来采访我，结束的时候，他问了一个私人问题，说他有一个中国妻子，两人感情很好，但在表达方式上差异很大。比如他认为家人之间任何话题都可以交流，而妻子却特别小心，尤其是对丈母娘，妻子从来都是报喜不报忧，让他觉得很奇怪，觉得这么做很虚伪、不真实。

我告诉他：这是跨国婚姻中常见的文化差异。在中国的传统文化中，报喜不报忧是家人间彼此爱护的一种方式，虽然这种方式的确存在一些问题，比如反映了传统的中国父母对负面情绪的回避、否认、过度压抑或者过度反应。

不只是跨国婚姻，其实所有的婚姻都存在跨文化的差异，因为每个人都是在不同的家庭文化下成长起来的，受着家族无意识的深刻影响。觉察到这些影响和差异的存在，亲密关系中的自我就能更好地突破局限、相互学习，更好地成长起来。

一位妻子谈到家务分担的事，说："一开始，家务活一直都是两人分担，最近却因为他干得越来越少，负面情绪又多，我们总是吵架，我认为他越来越懒，婚后对我没有之前好了。他则认为我要求太高，总是想控制他，什么事不如我意都不行。我也忙啊，一个人的精力毕竟有限！可是他认为他已经做得足够多了……于是陷入冷战。怎么才能破解家务分歧？"

借着这个问题，我们来探讨一下角色互换和扮演游戏。

角色互换和扮演，是表达性艺术治疗中心理剧常用的方式之一。

心理剧，是由美国医学和心理学家雅各布 · 莫雷诺在 1921 年创立的一种疗法。其目标是诱发参与者的自发行为，通过特殊的戏剧形式，让参加者扮演某种角色，以某种心理冲突情景下的自发表演为主，将心理冲突和情绪问题逐渐呈现在舞台上，以宣泄情绪、消除内心压力和自卑感，增强参加者适应环境和克服危机的能力。

其中，角色互换和扮演是心理剧中最基本的核心技术。通过说明对主角来说某个重要人物的行为方式，主角提出对该角色的主观看法，或者先扮演该角色，让辅角采取较接近主角体验的方式来演出情景。在适当的时候，当主角对辅角表达的观念和行为有所感受时，主角与辅角互换角色。主角需要从自己的主观态度出发，表演出感受的事件。角色互换中，主角会对生活中的重要人物产生同感，增进对重要他人的深入认识。

严格意义上来说，心理剧需要在专业的心理咨询师指导下才能用作心理治疗的方法。不过，角色互换和扮演，只要掌握了“只观察和体验，不评判不攻击”的基本规则，在尊重彼此的自发性和积极交流的基础上，就可以作为日常生活中可用的小游戏，和身边的人一起体验，共同探索内在的自己与关系中的问题。

我们来看这位妻子的问题。家庭中，夫妻双方有着各自不同的心理定位，形成相对固定的夫妻角色模式。而在一种固定的模式下久了，也会让人感到烦腻，并容易互不理解，产生矛盾。比如，在传统的“男主外、女主内”的夫妻模式里，妻子可能抱怨丈夫经常拿工作当借口，不顾家；丈夫则会认为自己挣钱很辛苦，养着妻子，而对方却不够体贴，整天抱怨。

这种时候，换位思考往往不能真的让双方看到对方的付出和牺牲，更加合适的做法是角色互换，最少持续一天。双方约定好，选择丈夫休假的一天，妻子把自己作为家庭主妇需要做的事情列出清单交给丈夫，比如照顾两岁的宝宝，洗衣服并晾干、收好，做好午餐和晚餐，浇花，洗碗，扫地，拖地等。然后妻子出去找一件事情做做，最好是临时的兼职工作，实在找不到可以去当志愿者，尽量扮演和体会工作中的丈夫，而不是一位大采购的妻子。当一天的工作、生活结束，夫妻双方再来复盘各自在这一天总的体验和遭遇到的困难。

这个游戏的好处是，能够让夫妻双方都体会到对方在家庭角色中遭遇到的琐碎和辛苦，而这些是日常沟通所不能达到的，因此能够成为化解矛盾、互相体谅的有效方法。当夫妻间有了隔阂，不妨角色互换，站在对方的立场来想一想。或许一个善意的妥协、一次真诚的沟通，就能让一段绝望的婚姻起死回生。

这种角色互换的游戏可以经常操作，有了孩子之后，也可以和孩子一起玩角色互换的游戏，来促进家庭系统的平衡。

一位男生说："我和女朋友经常因为一些非常琐碎的事情吵架，琐碎到我都说不上来是啥事，然后就要去哄她，承认错误，可是没用啊，必须等她哭一场、闹一场才能消停。都说吵吵能帮助感情增进，可最近一周吵几次，吵完就说'我对你太失望了'，搞得我很挫败，真的很想好好和她过日子，可她为什么总是这样？"

这是许多男生的苦恼。还记得我们前文说到的 Mr. Right 遇到

Mrs.Always Right 的现象吗？女性因为超强的情绪性记忆和依存性的自我建构等特点，看起来似乎确实比男性更情绪化。此外，每个月一次的生理周期，也是许多女生情绪困扰的来源所在。

情绪需要宣泄，身边最信赖的人往往就成了出气筒。就像这位男生所说，“必须哭一场、闹一场才能消停”。在这里我们先不谈如何进行情绪管理和冲突化解，只是和这位男生一起，试试角色互换和扮演游戏。

具体来说，男生可以在女生说“我对你太失望”之后，坦率地告诉女生：“我听见你这么说，我觉得很挫败，也想知道自己怎么做才会更好，所以等你消消气后，我们来玩个游戏，我来演你、你来演我，你教教我怎么做好不好？”

听起来有些幼稚的表达，在年轻的恋人间却很重要，女孩至少会感受到男生的重视和积极改善的态度，而恋人间诸多的争吵和情绪化，其实不是为了得到更多爱就是为了给出更多爱，当情绪背后隐藏的需求被看见并且得到积极回应之后，问题往往也就化解了。所以，角色扮演比应付式的认错更有效，因为它能帮助两个人真实地看见错在哪里、如何改进。

具体来说，当两个人吵完架、平静下来后，双方扮演刚才吵架时候的对方，用对方刚才说的话，模仿对方的语气、动作，再“吵”一架。比如，真的吵架时，女方可能哭着说：“我对你太失望了！”男方可能咬牙切齿地说：“我也受够你的坏脾气了！”在角色扮演的时候，就换作女方说男方的话，并表演他愤怒却又隐忍不发的样子，男方则说女方的话，并表演她哭哭啼啼的样子。

这样一来，矛盾可能化作笑声，有进一步化解的可能。因为扮演的过程中，双方既可以试着体会对方的情绪和心理活动，又可以在对方身上照镜子，看见自己平时没有觉察到的一面，从而在自发性的帮助下，主动调整和修正自己。

所有方法、游戏和技巧，要想有效，都要遵循一个重要的前提：真诚和投入。你可以试着和身边的人练习一下今天学到的方法，开始也许笑场，但当情到深处，沉淀下来的往往是感动的泪水、深情的拥抱和白头到老的信心。

祝福你们。

CHAPTER FOUR

第 4 章

生涯规划：确定职业方向

〈 霍兰德职业倾向 〉

16
这一生究竟可以做什么

〈 生涯规划 〉

十多年前，我刚刚开始在企业讲员工生涯规划的时候，常有管理者担心地问：“员工做完了生涯规划，最后都选择离职怎么办？”

这种担心，其实来源于很多人都有的一种误解，这种误解就是：“生涯规划”就是“职业指导”，只是在教人们怎么选择职业，要不要跳槽。事实上，生涯规划比职业指导的概念外延大得多、内涵也深得多。它与人本主义心理学家卡尔·罗杰斯提出的“全人教育”理念一样，探讨的是一个人如何得到全面充分的发展，最终在适应环境的同时成为独一无二的自己。

我们来看美国生涯发展理论大师督纳·舒伯对“生涯”的定义，他说：“生涯是指生活中各种事件的演进方向和历程，它统合了人的一生中的各种职业和生活角色，由此表现出个人独特的自我发展形态。”

而“生涯发展”，指的是个体在终生发展历程中，透过心智成熟与变化、社会角色和义务的转换以及与环境之间的交互作用，在不同发展阶段衍生出不同的生涯抉择，进而形成自己独特的包含各种生活角色、工作职务以及休闲活动的综合性的生活方式。

这两个定义，涵盖了三个重要内容：

(1) 人是有差异的。人的才能、兴趣和人格各不相同，所以适合的职业也各有差异。这一点，我们在讲 MBTI 的时候提到过，这里还会从职业倾向和职业锚等方面来进一步学习。

(2) 职业选择与适应是一个连续过程。人们对职业的偏爱和所具资格、人们的生活与工作情境，以及人们的自我概念，都会随时间和经验而改变，所以职业的选择与适应也是一种连续的过程，是成长、探索、固定、维持、衰退这五个阶段的总和。

(3) 职业发展过程具有可塑性。职业性发展的过程，从根本上说是一种完成自我概念的过程，是一个人的自身发展和外界发展互动与融合的过程，具有多种可能性，所以也可以主动塑造，并一步步接近自我实现的理想状态。

所以，我们倡导企业给员工提供生涯规划，也正是从这三个方面入手，来促进组织和个人的共同发展、提升个人的自我管理意识、学习不同阶段的发展策略、向更高的组织和个人目标共同迈进。

在国外，生涯规划和发展教育从幼儿园就开始了，许多优秀毕业生在选择就职企业的时候，也会把有没有提供生涯规划作为企业是否重视人才、福利好不好的重要考量因素。

有一年，我们提供员工心理援助 EAP 服务的一家外企，为了竞选当年的最佳雇主奖项，又特别邀请我们为全体员工额外开展为期三年的生涯规划项目。为了更好地了解和帮助企业，我亲自带领二十余位专家进驻企业，在测评的基础上开展一对一访谈。访谈过程中，一位留日和留美双博士给我留下了深刻印象。谈到自己的生涯发展，他给我推荐了一套日本小说《宫本武藏：剑与禅》，说这套书给了他非常大的影响，建议我无论如何都要看看。

访谈一结束，我就立刻买来了他推荐的书，一口气看完了上下两本厚厚的著作，非常喜欢。后来，我也将这套书推荐给了许多人，希望他们都能像小说主角、日本历史上著名武士宫本武藏一样，在自己的生涯发展和生命成长之路上，逐渐从“剑即一切”的执着和局限，证悟和领略到“一切即剑”的洒脱和自如。

我们以这位双博士和宫本武藏为例，来进一步学习舒伯在生涯理论上的三个重要研究贡献：职业自我概念、生涯发展阶段和生涯彩虹图。

职业自我概念

职业自我概念是一个人整体自我概念的重要组成部分，是整体自我在职业选择和职业发展上的反应。舒伯认为，职业自我概念是个体在职业方面所认为的自我特性的整合，包括个人的自尊，他对自己认识的明确性、和谐性、发展性、切实性，以及个人的兴趣范围、能力与潜能的发展状况等。

职业自我概念可以分为两个部分：一个是心理上的，专注于个人如何选择，以及如何调适选择；一个是社会性的，重点是个人对自己社会经济情况和职业特点的评价。

职业自我概念在生涯发展中非常重要，它贯穿人一生的发展过程。上面提到的双博士，就曾遭遇过到底是做一个管理者还是顶级技术专家更有价值的自我困扰，直到最终确立“我是一个更擅长处理技术难题、希望成为无可替代的专家的人”，才坦然地放下向管理者岗位发展的努力和纠结。亨利·戴维·梭罗在《瓦尔登湖》里讲过的那句话——“方向比速度重要，选择比努力重要”，可以很好地解释生涯规划中职业自我概念确立的重要性。

当然，也可以像宫本武藏那样，从小就有着非常明确的职业自我概念：要成为一位剑术一流的真正武士。他的一生，都是围绕着这个职业自我概念而展开的。

生涯发展阶段

舒伯的生涯发展阶段理论，包含了人一生的完整发展过程，分为五个阶段。大家可以对照自己目前所处的阶段加以思考。

（1）成长期（0 ~ 14 岁）。这个阶段的特征是，人开始考虑自己的将来，逐渐具备一定的生活控制能力，获得胜任工作的基础，并且越来越意识和关心长远的未来。个人所要做的，是通过学校学习、社会活动来认识自我，理解世界以及工作的意义，初步建立起良好的人生态度。

（2）探索期（15 ~ 24 岁）。这个阶段是职业认同阶段，个人在这一时期里有了初步的职业选择范围，并且为之准备教育或者实践。探索期的任务是，深化对职业和工作的认识，将学习成果和实践经验沉淀结晶，具体化自己的职业偏向，并初步实施。

（3）建立期（25 ~ 44 岁）。个体在这个阶段开始确定自己在整个生涯中应有的位置，并开始增加作为家庭照顾者的角色。这个阶段的任务主要是在不断的挑战中稳定工作，并学会在家庭和事业之间做到合理的均衡。

（4）维持期（45 ~ 65 岁）。个体已经找到适合的领域，并努力保持在这个领域的成就。与前一阶段相比，这个阶段发生的变化主要是职位、工作和单位的变化，而不是职业的变化。个人主要应巩固已有的地位并力争有所提升。

（5）衰退期（65 岁以后）。该阶段的重心逐步由工作向家庭和休闲转移。该阶段的主要任务是安排退休和开始退休生活，精神上寻求新的满足点。

其实，每个发展阶段又同样可以分为成长、探索、建立、维持、衰退五个阶段。人生的发展，就是螺旋式上升的发展模式。如果一个人重视生涯发展的规律，根据发展阶段安排自己的任务，合理塑造生涯发展的过程，就能够活出自己生命的意义。

举例来说，一个大学一年级的新生，必须适应新的角色与学习环境，经过“成长”和“探索”，一旦“建立”了较固定的适应模式，同时“维持”了大学学习生活，又要开始面对另一个阶段——准备求职。原有的已经适应的习惯会逐渐衰退，继而对新阶段的任务又要进行“成长”“探索”“建立”“维持”与“衰退”，如此周而复始。

进入职场后，也同样要经历这五个阶段，对于处在成长期和探索期的朋友来说，接纳此阶段的迷茫和不清晰，不要太快太频繁地变换职业或岗位，在充分了解自己的职业倾向和职业锚的同时，将内在的生涯发展作为首要任务，为下一个阶段和外在的生涯发展做准备。

就像那位双博士，作为高级人才引进回国，他又经历了成长和探索的阶段，最终建立起自己坚定的生涯发展目标。而宫本武藏，在成长期和探索期认为剑就是一切，心浮气躁，遍访江湖上所有的高手，比试了无数场，才最终进入建立期，创立了自己的流派，深刻地领悟到平常心之下，一切都可以是剑，可以运用自如。到了晚年，他把自己的心得和兵法写下来供人们参阅，让“衰退期”也变得很有意义。

生涯彩虹图

舒伯认为，一个人一生中扮演的许许多多角色，就像彩虹同时具有许多色带（这里每个角色都用灰色色带表示），角色除了与年龄、期望有关之外，与个人投入的时间和情绪程度都有关联，因此每一阶段都有一个显著的角色。舒伯所设计的彩虹图有三层含义：

（1）横向层面代表的是横跨一生的生活广度，包含着五个主要阶段和各个小的阶段。

（2）纵向层面代表的是纵贯上下的生活空间，由一组职位和角色所组成，依次是：子女、学生、休闲者、公民、工作者、持家者。

（3）阴影的宽度代表生活的深度，说明一个人在扮演各种角色时所投入的程度。

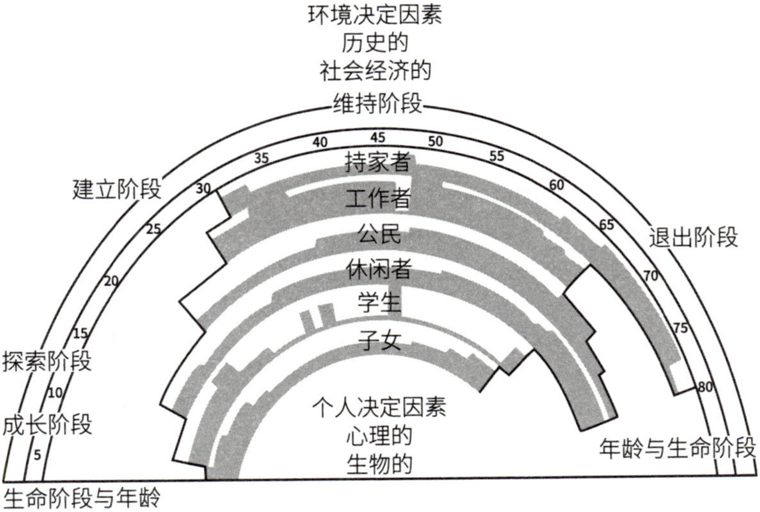

○ 练习

你可以试着画一画自己的人生彩虹图。

17
不知道自己喜欢干什么怎么办

〈 职业倾向 〉

一位朋友愁容满面："是不是人人都有天职、天赋？比如，林紫老师注定要成为心理咨询师、马云注定能成为大企业家、董卿注定是主持人。那反过来，我是不是被抛弃的那个，我没有天职，没有天赋，才会工作得这么辛苦，不想上班？"

这个问题让我想起昨晚饭桌上的一个小插曲。8 岁的小圆子一边吃饭一边讲话，我们提醒她，她说："讲话是我的权利，爱讲话是我的天性！我是话痨，我的特长就是讲话！"这一番话把我们说得一愣一愣的。

我心里既为小家伙良好的自我认同而高兴，也明确了下一步要如何帮助她更好地发挥天性，让天性为她引路的同时，又不打扰他人，还能为他人做些有价值的贡献。

小圆子就这样开始了她的生涯发展和规划。如果从提问的朋友谈到的"天赋""天职"的角度来看，圆子爱讲话，如果大人一味地从负向和批判的角度来看，就是一个需要改正的缺点；而从发展和因势利导的角度来看，就成了有待发挥的“天赋”。假如这个天赋得到良好的指引和运用，跟现实世界发生有价值的关联和互动，而且带来了使命感、责任感的话，就会逐渐演变成“天职”——让一个人就好像被拣选一样，做着自己喜欢、又惠人惠己的事。

找到天职的人，是幸运的人。然而，是每个人都能够找到天职，还是像这位朋友说的——有些人“是被抛弃的”？我们先来看看古人是如何定义天职的。

古人认为四时变化，百物生长，是天的职能，就叫“天职”。后来有人在荀子《天论》的基础上，把“天职”总结成了一句话：不为而成，不求而得，四时行焉，百物生焉，天之职任如此。

我很喜欢这句话。对应到人的身上来看也一样——如果充分了解了自己的天赋和兴趣倾向，而且有足够的行动力和意志力的话，终有一天你会发现：顺应着天性的指引和发展的规律，走好当下的每一步，担当起应该担当的各种角色责任，走着走着，就能找到自己的“天职”——我们每个人该负的天之职责。

找到天职的人，并不是不辛苦，而是因为心里有爱，所以甘之如饴。

那么，怎么才能找到自己在职业发展上的真爱呢？

我们来学习霍兰德职业兴趣理论，结合性格类型、生涯发展阶段和彩虹图等知识，帮大家进一步梳理和明确自己的职业倾向，顺着“我喜欢—我能够—我愿意”的线索，规划好自己的生涯。

美国心理学家约翰·霍兰德，在 1959 年提出了具有广泛社会影响的职业兴趣理论。他认为人的人格类型、兴趣与职业密切相关，兴趣是人们活动的巨大动力，凡是符合个人兴趣的职业，都可以提高人们的积极性，促使人们积极地、愉快地从事该职业，并且职业兴趣与人格之间存在很高的相关性。

霍兰德的理论很好用，可以帮助我们一目了然地梳理自己。你现在就可以拿出纸和笔来试一试。首先，在纸的中央画一条横轴，左端代表“重复”，右端代表“灵活”；再画一条纵轴，下端代表“对人”，上端代表“对事”。现在你得到了四个象限，以这四个象限为基础画一个六边形，世界上所有的工作就都可以落在这个六边形中了。

比如，如果你喜欢跟人打交道而且灵活度高的工作，那么你可以在右下角对应的位置，根据你喜欢的程度来点一个点。

我们来看看霍兰德是如何来描述这个六边形所代表的六种职业倾向的，以及对我们有什么样的启发。

霍兰德认为，根据所喜欢的职业对人还是对事、重复还是灵活等特点，人们可以分为：现实型、研究型、社会型、企业型、传统型和艺术型六种倾向类型。

（1）属于“对事——重复”类型的现实型。

这一类人愿意使用工具从事操作性工作，动手能力强，做事手脚灵活，动作协调，偏好于具体任务，不善言辞，做事保守，较为谦虚，缺乏社交能力，通常喜欢独立做事。其典型职业有摄影师、机械装配工、木匠、厨师等。

（2）属于“对事——灵活”类型的研究型。

这一类人是思想家而非实干家。他们的抽象思维能力强，求知欲强，肯动脑，善思考，但不愿动手，喜欢独立而富有创造性的工作，知识渊博，但不善于领导他人，考虑问题理性，做事喜欢精确，喜欢逻辑分析和推理，不断探讨未知的领域。其典型职业有科学研究人员、工程师、电脑编程人员等。

（3）属于“对人——灵活”类型的社会型。

这一类人喜欢与人交往，不断结交新的朋友，善言谈，愿意教导别人，关心社会问题，渴望发挥自己的社会作用，善于寻求广泛的人际关系，比较看重社会义务和社会道德。其典型职业有教师、咨询人员、公关人员等。

（4）属于“对人——重复”类型的企业型。

这一类人追求权力、权威和物质财富，具有领导才能，喜欢竞争，敢冒风险，有野心，为人务实，习惯以利益得失、权利、地位、金钱等来衡量做事的价值，做事有较强的目的性。其典型职业有销售人员、政府官员、企业领导、律师等。

（5）属于“可对事也可对人——重复”类型的传统型。

这一类人在横轴的最左端，尊重权威和规章制度，喜欢按计划办事，细心、有条理，习惯接受他人的指挥和领导，自己不谋求领导职务，喜欢关注实际和细节情况，通常较为谨慎和保守，缺乏创造性，不喜欢冒险和竞争，富有自我牺牲精神。其典型职业有秘书、会计、行政助理、图书馆管理员等。

（6）属于“对事也对人——灵活”类型的艺术型。

这一类人在横轴的最右端，有创造力，乐于创造新颖和与众不同的成果，渴望表现自己的个性，实现自身的价值，做事理想化，追求完美，不重实际，具有一定的艺术才能和个性，善于表达、怀旧、心态较为复杂。其典型职业有演员、雕刻家、作曲家、诗人等。

现实中，大多数人并非只有一种倾向。例如，一个人的倾向中可能同时包含社会倾向、艺术倾向和研究倾向。霍兰德认为，一个人的倾向越明显，则选择职业时所面临的内心冲突和犹豫就越少。

尽管霍兰德将人分为这六种倾向类型，但并不是说每个人都属于某种类型而不属于其他类型。事实上恰恰相反，很多时候我们每个人都是不同类型的混合体，只是在程度上有所区别。因为每个人都是不同倾向（兴趣）类型的组合，所以就会产生各种不同的兴趣模式。最常见的兴趣模式有以下三种。

第一，某些兴趣比较强，而其他的兴趣比较弱，通俗来说就是“偏科”比较严重。比如哈利·波特小朋友，就是在勇气和领导力方面异于常人，对某些学科（比如黑魔法防御）特别感兴趣，但是对其他学科就挺一般。爱因斯坦、爱迪生和尼采，其实都是偏科生。

遇到这种情况，如果要激发而不是打击一个人的天赋，就要向笑话里的小明爸爸学习——小明语文考了 0 分、数学考了 1 分，回到家，爸爸意味深长地对他说："儿子，你有些偏科啊！"哪怕只有 1 分的优势，只要不放弃，就可能会有奇迹。

第二，各种兴趣都很强，没有分别，也就是通常说的"多才多艺"。圆子就属于这种类型，所以常常成为"别人家的孩子"，但是事实上她也有自己的烦恼：那么多兴趣爱好，做都做不过来，怎么办呢？我有时会跟她一起玩打分游戏，通过从 0 ~ 10 的喜好程度评估，让她自己做主次选择，同时也要有所专攻，避免成为"三脚猫"。

第三，各种兴趣都很弱，没有分别，"我也不知道我喜欢什么"。很多小朋友都是这种模式，家长常常觉得他们有问题，却总是忘了他们自己可能也不知道自己喜欢什么。这种"兴趣未分化"的类型，需要的是更多的鼓励和尝试，全家人一起探索，而不是相互打击。

兴趣是最好的老师。了解职业兴趣倾向、尽可能在相关领域找到自我实现的通道，即使是一份兼职或志愿者工作，也能够提升我们的职业幸福感、减少工作焦虑。

18
你该继续打工还是出来创业

〈 职业锚 〉

2007年，《纽约时报》专栏作家玛希·埃尔博尔写了一本书《不能只打一份工：多重压力下的职场求生术》，书中创造出一个新词："斜杠青年（Slash）"，指的是那些在同一时间段内拥有超过一种职业身份的人。他们喜欢在职位后加上斜杠，用多重身份来定义自己。

比如，作者自己就是律师/记者/专栏作家/写作教练，等等。埃尔博尔认为，相比于传统的单一职业，多重职业的生活会让人更满足，还能在保持收入的同时追求和发展更多的自我。

那几年，中国的媒体也很关注这个话题，尤其是2008年，受金融危机和汶川地震的双重影响，国内大规模的裁员潮和人们对生存方式与生命价值的自我反思集中凸显，大家似乎也越来越多地开始思考起要不要给人生多几道斜杠了。

我印象很深的是当年一位HR总监的咨询。林紫机构应邀为她所在的企业提供裁员期间的心理支持服务，尽管压力很大，但她一直保持着职业冷静和专业素养，有条不紊地安排着一批又一批的人员离职事宜。直到最后，她发现最后一批被裁名单中有协助自己完成裁员工作的助理时，她几乎要崩溃了。当晚，她梦见自己成了杀人犯……

听起来很像电影是不是？其实，生活比电影还要生动，因为它随时都在考问我们内心的选择。

这位总监说，这个梦提醒她重新审视自己的职业选择。她喜欢做人的工作，HR 职业是她的真爱，但做久了，又发现其中的局限性，那就是自己内在想要助人的愿望和代表企业的职业立场限制之间的冲突。

也许你会说，看起来这种情况只有辞职改行了？其实不然，如果你学会用生涯规划工具——职业锚——来帮助这位总监，或者你自己，进行进一步的探索的话，你会有不同的发现。

什么是职业锚

美国麻省理工学院斯隆商学院的著名职业指导专家——埃德加·H. 施恩教授在职业生涯规划领域具有“教父”级地位。在他领导的专门小组中，有 44 名 MBA 毕业生，自愿接受施恩教授长达 12 年的职业生涯研究，最终分析总结出了职业锚理论（Career Anchor Theory）。

职业锚又称作职业系留点，核心指的是，当一个人不得不做出选择时，无论如何都不会放弃的职业中的那种至关重要的东西或价值观，是自我意向的一个习得部分，是人们选择和发展自己的职业时所围绕的中心，是个人进行职业决策时的核心。

职业锚强调个人能力、动机和价值观三方面的相互作用与整合。有三个关键点：

（1）职业锚以习得的工作经验为基础。也就是说，一个人需要通过实际的工作经验来形成各自独特的职业价值观，找到自己的贡献区。因此，对刚入职场的朋友，我建议大家不要太急于跳槽，原因之一就是：你需要先找到自己的职业锚，然后才知道你的跳槽有没有意义。

（2）职业锚需要在工作实践中，依据自省和已被证明的才干、动机、需要和价值观，逐步整合、现实地选择和准确地进行职业定位，需要你直面工作与生活的决心。

（3）职业锚，是一个人稳定的职业贡献区和成长区。但是，这并不意味着停止变化和发展。以职业锚为稳定源，可以发展得更持久和深入，获得更多成就；同时，随着生物社会生命周期和家庭生命周期的成长、变化，也有可能重新选定自己的职业锚。

职业锚的类型

施恩教授将职业锚分为八种类型。

（1）技术 / 职能型（Technical Functional competence）。

技术 / 职能型的人，追求在技术 / 职能领域的成长和技能的不断提高，以及应用这种技术 / 职能的机会。他们对自己的认可来自他们的专业水平，喜欢面对来自专业领域的挑战。不喜欢从事一般的管理工作，因为这将意味着他们放弃在技术 / 职能领域的成就。他们看重技术或专业等级地位的提高，而非职位的晋升。还记得前文提到的那位双博士吗？他就是这种类型。

（2）管理型（General Managerial Competence）。

“我喜欢做决策，不怕冒风险，不怕得罪人。我希望最终做到总经理岗位。”

管理型的人追求并致力于工作晋升，倾心于全面管理，独自负责一个部分，可以跨部门整合其他人的努力成果。他们想去承担整个部分的责任，并将公司的成功与否看成自己的工作。具体的技术 / 功能工作仅仅被看作是通向更高、更全面管理层的必经之路，他们希望获得更高的薪水及职位的晋升来得到认可。

（3）自主 / 独立型（Autonomy Independence）。

自主 / 独立型的人希望随心所欲安排自己的工作方式、工作习惯和生活方式。追求能施展个人能力的工作环境，最大限度地摆脱组织的限制和制约。他们宁愿放弃提升或工作扩展机会，也不愿意放弃自由与独立。他们希望基于自己以往的成就获得晋升，希望从新的岗位上获取更多的独立和自主权。如果新的职位赋予他们更高的头衔和更多责任，却剥夺了他们自由工作的空间，他们会感到难以接受。

（4）安全 / 稳定型（Security Stability）。

安全 / 稳定型的人追求工作中的安全与稳定感。他们可以预测将来的成功从而感到放松。他们关心财务安全，例如退休金和退休计划。稳定感包括诚言、忠诚，以及完成老板交代的工作。尽管有时他们可以达到一个高的职位，但他们并不关心具体的职位和具体的工作内容。他们希望自己的长期贡献与经验资历得到表彰。

（5）创业型（Entrepreneurial Creativity）。

创业型的人希望依靠自己的能力去创建属于自己的公司或创建完全属于自己的产品（或服务），而且愿意去冒风险，并克服面临的障碍。他们想向世界证明公司是他们靠自己的努力创建的。他们可能正在别人的公司工作，但同时他们在学习并评估将来的机会。一旦他们感觉时机到了，便会走出去创建自己的事业。他们要求很高的自我认可和公众认可。

（6）服务型（Service Dedication to a Cause）。

服务型的人，一直追求他们认可的核心价值，例如帮助他人，改善人们的安全，通过新的产品消除疾病。他们一直追寻这种机会，即使这意味着变换公司，他们也不会接受不允许他们实现这种价值的工作变换或工作提升。他们希望得到来自同事及上司的认可和支持，与他人共享自己的核心价值。

（7）挑战型（Pure Challenge）。

挑战型的人喜欢解决看上去无法解决的问题，战胜强硬的对手，克服无法克服的困难障碍等。对他们而言，参加工作的原因是工作允许他们去战胜各种不可能。新奇、变化和困难是他们的终极目标。如果事情非常容易，会马上令他们厌烦。他们渴望战胜困难或征服对手后的成就感。

（8）生活型（Lifestyle）。

生活型的人喜欢允许他们平衡并结合个人的需要、家庭的需要和职业的需要的工作环境。他们希望将生活的各个主要方面整合为一个整体。正因为如此，他们需要一个能够提供足够的弹性让他们实现这一目标的职业环境。他们将成功定义得比职业成功更广泛，在他们看来，额外付出努力来获得收入或晋升是得不偿失的。

八种职业锚，没有好坏对错，只要自己明确了自己的选择，生涯的规划与发展就会越来越清晰。

现在我们回过头去看那位总监，很显然，她的职业锚属于服务型，如果在原有岗位上能够斜杠出更多与服务他人相关的身份，比如导师、讲师、生涯顾问等，内心的冲突就会逐渐得到化解。与此同时，她也意识到，随着年龄的增长，她的职业锚有可能向生活型转移，而现有的工作驾轻就熟，可以较好地满足这份需要，所以，也没有必要辞职。

找到职业锚之后的斜杠身份，可以降低从业的焦虑。但相反，如果一个人还没有形成自己鲜明的职业价值观、没有定锚，太多的斜杠则会带来更多的焦虑，让精力分散、生涯发展的方向也会模糊不清。因为，当斜杠作为一种抵抗无力感的尝试，就可能会令人浅尝辄止，无法有所建树。

所以，给那些焦虑是应该去创业还是继续打工的朋友们一份作业，这份作业也同时给你，帮助你先找寻自己的职业锚，再思考下一步的生涯规划。

问自己三个问题：我到底想干什么？我实际能干什么？我为什么干？

在思考这三个问题的时候，可以结合下面的表格工具，帮助自己理清想法。

职业要求	必须 / 希望

首先，在“职业要求”这一栏，填写你对将要从事的工作的要求，并标注好每个要求是必须还是希望。必须代表无可替代的要求，意味着你准备从事的工作一定要满足这一点；希望代表额

外的期待，如果能满足最好，不能满足你也能够忍受。比如，你特别在意工作是否能够展示出你的才干，那么在“职业要求”这一栏可以写上“专业性”，“必须 / 希望”这一栏可以写上“必须”。以此类推，要求如果有很多，这个表格可以不断延长。

当你把所有的“要求”都写完之后，停下笔，来分析你选择这些要求的原因与它们的重要性，尽量把原因和重要性都分析得清楚、透彻。接下来，需要你认真考虑，当你一个一个失去这些要求的时候，你的感受会是怎样，并把它们写下来。

上面这些都想清楚之后，把你无论如何也不愿意放弃的“要求”综合起来考虑，看看哪些是你最不愿意放弃的，并给它们排序。

职业要求（按重要等级排序）	
________________________	重要
________________________	↓
________________________	
________________________	
________________________	
________________________	
________________________	
________________________	次要

最后，根据你对自己职业要求的排序，结合职业锚的测试，综合起来就能发现自己属于哪种职业锚类型。如果你确定了自己

属于创业型，也不一定要马上辞职，而是可以先从斜杠后的身份体验开始，一步步前进。

还有一个最简单的方法，可以辅助创业潮下的你听见自己内心的声音。作家三毛在谈到写作时曾经说："能不写，就别写。"意思是，除非心里的热情已经到了不能不写的地步，否则就写不出最好的文字。同样，对于是否创业，你也可以告诉自己："能不做，就别做。"

19
人为什么要工作 & 你为何而工作

〈 职业人格 〉

有一次，我应邀去一家上市公司讲课，负责接待我的是一位40岁的女领导，她一见到我就非常开心地跟我分享她自己的经历。

曾任公司财务部长的她，因为工作需要加上表现优异，一年前调任到工会负责员工关怀。

初上任时，她很焦虑。以前的工作，凡事都可用数字和公式来搞定，对与不对，答案总是唯一的；现在跟人打交道，一切充满不确定，似乎很难有唯一正确的标准和判定。天性聪颖又好强的她，一方面虚心请教前辈，一方面用心总结两个职业角色的不同，很快，焦虑就被成长的喜悦所代替——她发现，现在的工作不仅可以让她的人文关怀尽情释放，而且居然还改善了她和15岁儿子之间的关系！

她说，以前跟儿子相处，无论谈什么，自己心里总会有强烈的对错判断，总希望有“正确的结果”，所以母子俩总是不欢而散，相互埋怨彼此不理解对方；现在，新的工作岗位让她养成一个习惯：不论儿子说什么，自己总是先认真倾听，然后试着从儿子的角度想问题，试着探索各种可能的答案，最后让儿子自己作选择。最近儿子常说："妈妈，你越来越善解人意啦！"

不同的职业可能造就不同的妈妈，因为职业会将我们的思维模式训练成某一种类型，而思维模式影响行为模式，如果没有清醒的觉察，"妈妈"的角色就会沾染上职业角色的习性，影响亲子教育。

在心理咨询工作中，更常遇到的是长时间扮演一个职业角色的妈妈所带来的子女问题——教师家庭的子女，容易产生较强的内心冲突和社会适应不良，因为教师妈妈通常都喜欢"讲道理"，设定许多严格的家庭规条，道理和规条多了，很容易让孩子的超我过于强大、过度追求优秀、抗逆力欠缺，一旦踏入社会或步入婚姻，就很难面对现实的冲击；科技工作者的子女，则容易出现过度理性、欠缺情感沟通能力等心理状况，因为科技人员大多追求完美、个性严谨理性，容易忽略关系中的情感表达和对子女情绪的及时回应，导致子女高智商、低情商；等等。

当然，这些现象并不绝对，也有很多从事这些职业的父母，像那位女领导一样，在清楚地觉察到自己的职业性格特征后，有意识地加以改善和调整，给子女恰当的教养，培养出优秀而又幸福的孩子。

职业性格，是我们要强调的重点。前文我们谈到过职业化外向，其实就是职业对性格产生影响的一个例子。性格倾向性影响着我们对职业的选择，反过来，长期从事某一项职业，又会让我们发展出或者强化出一些适应职业需要的特质。

以内外向为例，每个人的性格都位于绝对内向和绝对外向之间的连续体的某一点上。如果我们在必要时能在内外向这一连续体上自由地移动，发展出“内倾型外向”和“外倾型内向”两种性格，既有内省的能力，又能自如地社交，就能更好地适应社会和职场的需要。如此，才能在发展自我性格优势的基础上，不断提升和补足自己性格类型中欠缺的部分，逐渐成长为一个完整的人。

除此以外，我们还要了解一个比职业性格更大的概念：职业人格。心理学上，人格是大概念，性格是子概念。人格包含气质与性格，其中气质反应人的生理层面与情绪层面的成分，性格强调人的社会层面和价值选择的成分较多。

职业人格是一个人整体人格结构的一个面向，指的是人在职业活动中所扮演的角色及其外在行为表现方式。健康的职业人格包括正确的职业观、良好的职业性格、积极的创新意识、较强的工作能力等积极职业心理素养。

不同时代下，职场中的人性假设，也就是看待人的方式是不同的。传统的职业人概念建立在“物本主义”基础上，以物为中心，以技术为中心，人是机器的附属物，人越来越非人化，越来越成为“非本质”的人，成为“工具”，就像卓别林在《摩登时代》中扮演的那样。

现代职业人概念则建立在“人本主义”基础上，人是目的，一切为了人，为了人的一切；而为了达成目的，在职业活动中又发挥着“工具”的功能，但这种功能已不是物的替代，而是一种以工作为载体的人与人之间的关系。就像松下幸之助先生对松下公司的定义：“我们生产人，同时生产电器。”人本主义基础上的职业人格，就是借职业活动来实现人的全面自由的发展，提升自己的生命质量，驾驭自己的人生方向，实现自我价值。

我们很幸运地生活在人本主义时代，所以才有机会来探讨职业中的自我发展。

(1) 职业观的发展。

职业观是一个人的价值观在职业选择和职业生涯上的体现，是一个人对待职业的总体态度。一般来说，职业观由三个要素构成：维持生活，通过职业劳动获取生活来源；发展个性，在职业岗位上发挥才能，并挖掘和发展个人特长；承担社会义务，通过职业劳动服务于社会和他人。这一点听起来高大上，其实却是让兴趣成为职业的基础。

一个笑话——父亲问儿子：你长大后想做什么工作？儿子说：我希望每天都坐车兜风，数钱玩。父亲说：那好，你将来会是一名公共汽车售票员。

这三个方面的认识差异，构成人们不同的职业观，体现在人们对各种职业的认识、评价、选择及对与职业有关的各种事物的态度上。职业观对个人的职业选择与职业定向起着决定性的作用，对职业生涯有着重大影响。

正确的职业观应该是三者兼顾的。弗洛伊德说：**“精神健康的人，总是努力地工作及爱人。”**所以，当孩子再问我们“为什么要工作”时，不妨从这三个方面来回答。回答孩子的同时，也是在回答和梳理自己。

（2）职业性格。

职业性格，是指人们在长期特定的职业生活中所形成的与职业相联系的、稳定的心理特征。不同的职业对性格的要求各有不同，反过来，又在强化和塑造着不同的职业行为习惯和个性特质。

我在公安系统培训干警时，谈到了职业对家庭生活和教养方式的影响。一位警官说：“因为习惯了在强光下审问犯人，回到家也总要把所有的灯都调到最亮，结果老婆和孩子都强烈抗议，说我把家里弄得像审讯室一样。”

觉察是改变的开始，保留职业发展所必需的性格特质和行为习惯，同时有意识地在职业之外完成角色切换，回家时主动“去角色化”，会让我们自己和家人相处更融洽。

（3）工作能力。

工作能力分为职业能力和社会能力。职业能力指本行业必备的专业技能，是上岗后能胜任工作的保证。社会能力指从事职业活动所需要的社会行为能力，如环境适应能力、人际交往能力、团结协作能力等，是一个人生存与发展的必备条件。在其他章节，我会特别谈到情绪胜任力的发展。你将会了解：决定你的职业发展的，除了33%左右与专业技能、动机、兴趣、个性等因素相关外，剩下的67%都与情绪胜任力有关。

（4）创新意识。

创新原本是人的基本特征，人类就是在不断地“首创前所未有”的过程中前进的。创新强调的是个性的发展，即使是重复性要求高的职业，也需要一个从业者不断摸索、沉淀和提升，不断适应团队和社会的发展变化。

大学刚毕业时，为了更好地了解连锁企业，我曾经到肯德基做过一天的见习经理，一位小姐姐跟我分享了她自己的小诀窍：在给饮料加冰的时候怎样才能不多不少刚刚好。我很感动，即使这么平凡的重复性操作工作，积极主动的人也能不断创新，让工作变得更有趣。

所以，生涯的发展，组织提供的是平台，更多的则在于自我的职业人格发展。

具体来说，你可以：

- 培养终身学习的能力。
- 积极发展职业性格，训练不同角色之间的切换能力。
- 培养创新能力，凡事都换个角度想一想、试试看。

○ 练习

写五条职业对自己性格的影响，看一看其中有哪些需要保持，哪些需要改善。

20
对工作现状不满该怎么办

〈 彩蛋 〉

我们通过三位朋友的问题来复习这一章的学习内容，同时了解两个新的概念：内生涯和外生涯。

我们之前讲过，生涯规划比职业指导的内涵要大得多。同样，生涯探索也是如此：职业只是人生的一小部分，而生涯则是一个人的生命历程，它包含了“时间”与“空间”两个面向的探索，时间上包括过去、现在、未来，空间上则包括自我、人际、社会、世界等。

了解了这一点，你就会发现：有时候，我们之所以对现有的岗位和工作感到不满、迷惘和焦虑，是因为我们太过聚焦在职业所带来的外部发展之上了。当收入、职位等没有达到预期，或者与他人相比有差距的时候，心就开始浮躁起来。而一个好的生涯发展决定，是在充满热情的同时又能保持内心的安定才会产生的。

第一位朋友的问题是关于人到中年还能不能转行。

早年不知上进，浑浑噩噩混了好几年，现在忽然发现自己年纪不小了，但是在工作上还没有什么发展，非常着急，就开始寻找新的机会。现在的问题是，如果跳槽，去其他公司做同类岗位，努力一下兴许还能做到经理，但是再往后呢？如果转行，又该怎么选？

要回答这位朋友的问题，我们需要先来学习内外生涯探索。

从职业角度讲，外职业生涯指的是：一个人从事一种职业的工作时间、工作地点、工作单位、工作内容、职务与职称、工资待遇等因素的组合及其变化过程。内职业生涯则指的是：一个人在从事一种职业时的知识、观念、经验、能力、心理素质、身体健康、内心感受等因素的组合及其变化过程。

(1) 从内外生涯的特征上看。

外职业生涯一般由别人决定与认可，也容易被别人否定或剥夺。比如，公司的员工，工资往往不能他自己说了算，工作能力和绩效也要领导认可了才算数。

而内职业生涯，则主要靠自己的不断探索而获得，不随外职业生涯的获得而自动具备，也不随外职业生涯的失去而自动丧失。

比如，某个员工被任命为部门领导，那么他获得的是一个职务，属于外职业生涯的发展。这个职务上应该具备的知识视野、经验、心理素质等内生涯的发展，却并不因为他成了领导就自动有了，而是需要他在工作中主动积累、逐渐获得。假如经过努力，有一天他完全具备领导的能力，而这时公司解雇了他，那么他获得的知识、经验等内生涯的发展却仍然跟随着他，不会因为失去职位而失去这些能力。

（2）从两者的关系上来看。

内职业生涯的发展是外职业生涯发展的前提，内职业生涯带动外职业生涯发展，外职业生涯的发展反过来又促进内职业生涯的发展。

内职业生涯有所发展，会呈现在外职业生涯的发展结果上，比如升职、加薪；内职业生涯匮乏，体现在外职业生涯上就是职业失败，可能是止步不前，也可能是失业。问能否转行的这位朋友，可以从这个角度检查一下：自己是不是属于这种情况？

如果一个人的外职业生涯的发展超前于内职业生涯，外在的表现就是工作压力很大。比如，咨询工作中，我曾遇到不少因为“被晋升”而焦虑或抑郁的来访者，就是因为外生涯发展了，而内生涯的准备还不足造成的。

如果一个人的内职业生涯的发展超前于外职业生涯，外在的表现就是对当前的工作不满、觉得没有挑战性、厌倦工作。企业服务中，在给管理者讲授“核心员工的留用”和“职业倦怠”时，我都会特别谈到这一点，帮助企业鉴别哪一类的倦怠是由于这个原因造成的，进而有针对性地帮助到员工。

所以，第一位朋友在直面自己的问题时要清楚以下几点：

首先，转不转行的决定因素不在于生理年龄的限制，而在于你的心理状态是否做好了准备，是否找到了“不做不行”的方向。

其次，个人规划和家庭规划要结合起来，如果转行可能造成家庭的压力，就要提前做好过渡期的家庭备用资金的储备，同时与家人充分沟通、共同规划。

第三，整理和总结一下，在过往的工作中，自己的内生涯得到了哪些发展，积累了哪些对转行有用的知识、经验、人脉等。

第四，如果确定转行，并且真的如你所愿做到经理的话，你的内生涯又能得到哪些发展？假如再往后不再有外生涯的发展，你是否可以从内生涯里得到满足？

最后，问问自己，是更喜欢“跳一跳才够得着”的有挑战的感觉，还是喜欢“不费吹灰之力”得心应手的感觉？这两个选择可以帮助你评估：是另谋高就还是在现有岗位上提升内自我，让内生涯的发展微微超过外生涯。

第二位朋友是全职妈妈。

现在宝宝14个月，因为妊娠反应大从怀孕开始就不再工作了，这两年的生活几乎与世隔绝，也想出去工作，也想像从前那样和朋友出去玩，可是每天被娃拴着哪也去不了，跟朋友们也两年没见了，家里现在经济条件也不好。每天都强烈地感觉自己不能这样活，可是得带孩子。好痛苦啊，怎么办？

就像这位朋友所描述的，全职妈妈虽然不在职场，但也并不像大家想象的那样没有压力。事实上，有压力问题的全职妈妈不在少数。压力的来源，除了育儿焦虑、经济困扰、婆媳关系等外在原因外，更深层的，还在于自我发展和自我价值实现的需求与角色之间的冲突。要缓解这种冲突和压力，可以从内外生涯的角度来分别入手。

首先，成为妈妈本身，就是全职妈妈们的外生涯发展的一个重要标志。建议妈妈们以三年为一个时间段来进行个人和家庭的规划。

育儿的前三年，对宝宝和妈妈来说都非常重要。宝宝需要在这三年里建立起内在的安全感，而妈妈们，则需要发展与外生涯角色匹配的内生涯部分，包括心理角色的担当和适应、育儿技巧的学习和积累、家庭关系的平衡和情绪管理、与其他妈妈们的互动与分享、对宝宝的陪伴和指导能力，等等。

这些方面的发展，不仅能够让全职妈妈们更好地承担家庭角色的需要，而且还能作为未来重返职场的能力储备，同时缓解这个阶段的无意义或烦乱感。

孩子三岁后，进入幼儿园，妈妈们有了更多个人时间，就可以运用之前的积累，选择与母婴相关的工作类别，逐步回归职场。比如可以像一些妈妈一样开网店、建读书平台、办亲子沙龙等，也可以外出应聘一些类似方向、离家近、压力小的工作，以免外生涯发展超过了内生涯的准备，而产生过度的焦虑情绪。

孩子六岁，进入小学后，妈妈们还会面临一个新的内外生涯挑战——因为作为小学生的家长和幼儿的家长有很大不同，而小学前三年，是孩子学习习惯养成的重要阶段，也是妈妈们最容易为作业等问题抓狂、最经常面对老师批评的阶段，需要妈妈们保存足够的心理容量、保持充分的情绪胜任力。所以这个阶段的外生涯发展不要太快，尽可能考虑工作和家庭的动态平衡，以便保持内心的平衡。

第三位朋友对自己总是突然间不想工作焦虑难安。

2015 年毕业，从建筑工地监工转入到家具销售行业，转行是因为自己不想再做之前那份工作，但是转行到现在半年，就不想再工作了，不是单针对这份工作，而是对工作这件事产生了厌烦的感觉，想问一下这个时期是人人都有吗，怎么度过呢？

对工作产生厌烦，有可能是遇到了职业发展的高原期或倦怠期。职场也有婚姻中的“三年之痛”和“七年之痒”现象，可以从内外生涯的角度探索和调整。而这位朋友之前的转行，还有必要从生涯决策的角度加以分析。

生涯决策，指的是个体面临教育和职业选择时所表现的态度、能力和技巧，是一个有意识的思考与行动的过程，涉及决策者、决策情境，以及决策者内、外在资料。

美国职业生涯专家斯科特（Scott）和布鲁斯（Bruce）将决策

风格划分为五种类型：理智型、直觉型、依赖型、回避型和自发型。

（1）理智型。以周全的探求，对选择的逻辑性评估为特征，往往深思熟虑，评估决策的长期效用并以事实为基础做出决策。

（2）直觉型。以依赖直觉和感觉为特征，比较关注内心的感受。

（3）依赖型。以寻求他人的指导和建议为特征。

（4）回避型。面对决策问题会焦虑、拖延、不果断，害怕做出错误决策。

（5）自发型。以渴望即刻、尽快完成决策为特征，不能够容忍决策的不确定性，以及由此带来的焦虑情绪。

总的来说，理智型和直觉型的决策，相比其他三种会更加成熟。而假如这位朋友当时的转行决策属于第五种自发型的话，则需要有意识地克服冲动，提升自己面对不确定的能力、降低焦虑度，才有可能重拾对工作的兴趣。

○练习

我们可以结合这个表格，辅助自己做决策。比如，当面临找工作时，参考以下表格中的步骤。

步骤一：确定你的职业决策考虑因素，例如做销售、办公室工作、考研三个方案。

步骤二：把三个方案填入平衡单的选择项目中。

步骤三：在第一栏职业决策考虑要素中，根据对你而言

生涯决策平衡单样表

选择项目 / 加权分数 / 考虑因素		重要性的权数（1～5倍）	选择一		选择二		选择三	
			+	-	+	-	+	-
个人物质方面得失	1. 收入							
	2. 工作的难易程度							
	3. 升迁的机会							
	4. 工作环境的安全							
	5. 休闲时间							
	6. 生活变化							
	7. 对健康的影响							
	8. 就业机会							
	其他……							
他人物质方面得失	1. 家庭经济							
	2. 家庭地位							
	3. 与家人相处的时间							
	其他……							
个人精神方面得失	1. 生活方式的改变							
	2. 成就感							
	3. 自我实现的程度							
	4. 兴趣的满足							
	5. 挑战性							
	6. 社会声望的提高							
	其他……							
他人精神方面得失	1. 父母							
	2. 师长							
	3. 配偶							
	其他……							
加权后合计								
加权后得失差数								

职业选择的重要性和迫切性，赋予它权数，加权范围为 1 ~ 5 倍，填写在权数一栏。权数越大，说明你越重视这个要素。

步骤四：打分。根据每个方案中的要素进行打分，优势为得分，缺点为减分，记分范围为 1 ~ 10。

步骤五：计算得分。将每一项的得分和失分乘以权数，得到加权后的得分或者失分，分别计算出总和，最后加权后的得分总和减去加权后的失分总和，得出“得失差数”，并以此分数来做出最后的决定，即比较三个选择方案的得失差数，得分越多，该职业方案越适合你。

CHAPTER FIVE

第 5 章

情商修炼：处理复杂人际

〈 萨提亚家庭理论 〉

21
真正的高情商，指的到底是什么

〈 冰山理论 〉

关于情商的理论有很多，而我特别选择萨提亚家庭治疗的理论和方法分享给大家，因为在我看来，它不仅仅是方法论，更是深刻的关于生命和关系的智慧。通过对这一理论的了解，我希望大家可以更加深入地理解自己和他人，同时掌握一些有用的方法来表达这些理解。只有这样，才能够修炼出真正意义上的高情商。

之前，朋友圈里因为一篇与情商有关的文章而引发了大面积的讨论，大家似乎都在困惑一件事，那就是：如果高情商就意味着委曲求全，让别人舒服的话，那岂不是活得太憋屈？

一位来访者说，他一直以为老好人就是高情商，所以几十年来竭尽全力地扮演着老好人的角色。同事聚餐，他总是让别人点菜，就算自己不喜欢，也要假装很享受的样子。公司开会，轮到他发言，他会把所有人的发言都赞美一遍，然后说："我没有意见。"久而久之，领导开始对他不满，认为他不是没能力就是在敷衍，他觉得既委屈又窝囊，但又不知道问题出在哪里。

事实上，真正的高情商，是在身心一致的情况下，让自己和别人都舒服，都能够感受尊重和活得有尊严。而萨提亚家庭治疗理论讨论的，正是这样一件事情。

我们先来了解一下这个理论的创始人维吉尼亚·萨提亚女士及她的主要观点。

萨提亚女士是国际知名的治疗大师，家庭治疗的重要创始人之一。她创立的萨提亚家庭治疗流派和模式，从家庭、社会系统着手，处理个人身上背负的问题，着重提高个人自尊、改善沟通，让人活得更“人性化”，治疗目标是个人身心一致。

萨提亚的家庭治疗理论刚传入中国的时候，我参加了萨提亚女士的生前好友及嫡传弟子玛瑞亚·葛莫莉老师的公开课。华东师范大学的讲堂里，坐着好几百位身份不同的参与者，大部分是咨询师，也有来自各行各业的心理学爱好者。一位企业管理者自告奋勇上台，作为来访者，体验玛瑞亚的现场治疗。

在简短的沟通中，来访者谈了他的困扰，然后，玛瑞亚请他从台下黑压压的人群中，选择几个人分别扮演他的家人和他自己的角色。不知道为什么，他一眼看到了我，选我上台扮演他的“完美”角色。

我和其他扮演者一起站到了他身旁，由他先根据家庭关系和自己的感受安排每个人的位置，再慢慢地调整位置来解决困扰。当我发现他给我调整的位置并不是最理想的解决方案时，我刚想要做一下调整，突然觉察到：想要调整本身，其实是我的完美主义在作祟。

这是一个很重要的觉察，让我顿悟到：从来没有完美的解决方案，来访者只需要他自己当下觉得合适的解决方案，就好。多出来的部分，其实是咨询师想要的。那时我刚从事心理工作不久，这样的顿悟决定了我自己后来的咨询风格和价值取向，让我在自我成长的同时，也帮了更多来访者。

这个觉察是如何发生的呢？我们用萨提亚流派中经典的冰山理论来看一看。

“冰山”这一模型，被很多学科和理论用来解释自己的理论，我们之前提到过弗洛伊德的意识、前意识与潜意识的意识冰山理论。而萨提亚理论中的冰山图也是一种隐喻，是萨提亚理论中重要的心理分析模型，简单地说就是个人内在冰山图，就是一个人的行为后面，其深层的东西是什么。

萨提亚将个人内在冰山图分为 7 个层次，从露出水面的部分往下数，依次是：行为、应对方式、感受、认知（想法、观点）、期待、渴望、自我（本性）。懂得内在冰山图之后，我们看待一个人的行为的时候，就不会再停留在表面，而是能够看到做出这些行为背后的心理需要。

以我在玛瑞亚公开课上的体验为例，我们一层层来看。

（1）行为。是人们内心世界的外在表现，也是应对方式的最终结果。换句话说，行为是我们自尊的一种外部表现，是我们自己外在表现出来的、别人看得到的动作与表现，或者是我们用五官直接接收到的来自他人和环境的状态与表现。比如，我们自己在专注地学习、一个人在打游戏、一群人正在交谈等等。当我被挑选来扮演完美时，我的外在行为是：全情投入，积极配合个案主角的需要。

（2）应对方式。指的是人们在压力情境下，应对他人、应对环境与应对自己的一种行为模式。具体分为五种，分别是：讨好、指责、超理智、打岔、表里一致。而我自己，当时的应对方式是：想要表里一致地呈现出我的想法时，又表里一致地放下了它。扮演结束后，我又将自己的觉察和收获分享给了现场所有的人，让大家都从中得到了启发。那一刻，玛瑞亚频频点头，银发上的蝴蝶发夹也跟着上下飞舞，给我留下了美好而难忘的记忆。

（3）感受。就是行为带给我们的内心感受，它看不见摸不着，但在我们心里真实地发生着。感受常常依赖于过去的经验基础。即使我们此刻的感觉是由当前的事件激发出来的，我们也常常会使用自己长期积累的感受来进行反应。比如，看到妈妈训斥熊孩子，有的人可能同情妈妈不容易，因为自己家里也有一个熊孩子；有的人则联想到自己小时候被训斥的经历，感觉到愤怒；还有的人会幸灾乐祸很解气，因为小时候一直被同样是熊孩子的弟弟欺负。又比如，在台上的瞬间能感受到自己的完美主义。对感受的感受，是最为重要而又最容易被忽略的。

（4）认知 / 观点。指的是制造感受背后的脚本，是我们的信念价值观系统。以妈妈训孩子为例，感到同情的人，内在的想法是：现在的孩子真的太难管了，应该好好治一治；愤怒的人则在想：做父母的永远以大欺小、根本不理解孩子；而幸灾乐祸的人则在想：我弟弟那样的人早就该被训，父母却一直偏袒他，现在终于有人替我出气了。而我的核心观点是：所有的人都是一体的，所有的偶然都包含着意义，每一个被挑选来扮演角色的人，一定也和这个角色有着内在的关联。我自己的完美主义，正是我被挑选来扮演这个角色的原因。

（5）期待。就是一种具体的需求。比如，我当时的期待是：顺其自然，学会接纳个案自己的不完美的选择。

（6）渴望。这是一种深层的共性需求与期待，比如，需要爱、接纳、理解、安全、赞美、肯定、尊重、重视等，是人类成长过程中，所苛求的共同的心理营养。这一部分，主要来自小时候父母的给予。而我的渴望是获得有关生命的更加深刻的智慧。

（7）自我 / 本性。指的是一种生命的真实状态。我们在情感上完全活在当下，能完整兼顾我、他、情境，能让生命力根据自然状态不断成长，内心充满了喜乐与意义感。同时，能够很顺畅地和任何人连接。公开课的体验，让我清晰地看见内心最深处的自己，渴望着不断修习智慧与慈悲，达到佛法所讲的究竟圆满。

如果你有机会像我一样，碰触到自己和他人的内心最深处，你会发现，那里其实只有一个声音和需求，就是爱与被爱。

在做家庭辅导和企业培训时，我常常会鼓励大家画出自己和他人的冰山图，帮助他们看见表面的行为和冲突背后，真正的差异在哪里，又在哪里可以恢复彼此中断的连接。

○ 练习

你可以遵循萨提亚的 5A 方法，即觉察（Awareness）、承认（Acknowledge）、接受 / 接纳（Acceptation）、行动（Action）、欣赏 / 感激（Appreciation），来画一画自己的冰山图。

具体来说，你可以把冰山中的七个问题写在七张纸上，然后从中选择一张开始，比如，选择“行为”这一张纸，放松后问问自己，目前困扰自己的问题是什么，并写下来。然后在“感受”这一张纸上，写下如果这样做之后的感受，之后继续到下一张纸上……顺序不是完全固定的。但都要从“行为”开始，最终走到“自我”这一张纸上。选择的问题、七张纸的顺序、回答的内容等这一整个过程，能够让你了解问题产生的根源，然后根据自己到底是谁，做出选择和改变。

22
沟而不通为什么

〈 沟通模式 〉

讲情商，就一定会讲到沟通。很多人都说，高情商就是会说话；可是很多人不知道，会说话不仅仅包含着怎么说，还包含了怎么听。学习过心理咨询的朋友们，一定都还记得，最初学习咨询技术的时候，老师们常常都会强调：咨询师的倾听能力比表达能力更重要。而要听懂他人的表达，前提是我们听得懂自己的表达，知道自己沟通和表达的模式是什么。

一个青春期孩子的妈妈说儿子太叛逆了，自己想尽一切方法和他沟通，可他就是一副打死也不说的样子。我请妈妈和儿子把日常的沟通演给我看。

妈妈说："你最近和一个同学来往很多，你们是好朋友吧？"儿子点点头。

妈妈又说："你是因为他们家很有钱才跟他来往吗？"儿子身

体向后一靠，把头扭向一边。

妈妈穷追不舍地说：“我跟你说过，他们家有钱，所以他可以不用努力。你不一样，不能受他影响！”儿子开始抖腿，一副不耐烦的样子。

妈妈很生气：“我在跟你沟通！我把那么多重要的事情都放到一边听你说话，你不说话光抖腿干吗？你说话呀！你这样对你妈，太没良心了！”

……

作为旁观者，你一定立刻明白妈妈和儿子沟而不通的原因：妈妈分明只是想说服儿子接受她的观点，而这样的对话，并不是沟通。

所谓沟通，是指人们如何传递信息，如何增进彼此的了解，以及如何做出内部和外部的反应的过程。任何一种沟通都包含着两个方面的信息：言语方面的和情感方面的，或者说言语方面的和非言语方面的。

当人们的言语信息与非言语信息相互矛盾的时候，我们称为不一致的沟通。比如，妈妈一边要求孩子说话，一边却抱持着“你说什么都是错”的态度；儿子虽然没有言语的表达，却用抖腿、扭头等动作向妈妈抗议说：“既然你这样想，我跟你没什么好说的！”

让孩子对妈妈关上心灵大门的，其实是妈妈的沟通模式，以及模式下隐藏着的不平等态度。

关于沟通模式的理论中，萨提亚的理论最为形象易懂。萨提亚认为，沟通的三要素分别是：自我、他人和情境。以此为基础，发展出了五种沟通模式，分别是：讨好型、指责型、超理智型、打岔型和表里一致型。

讨好型

讨好常常以一种令人愉快的面目出现，所以大部分情况下都会得到高度的接纳。然而，讨好却是以牺牲自我价值为代价的，将自己的权利拱手让给他人，而且还传递出这样一个信息：自己是不重要的。与此同时，他们又常会觉得自己是受难者：“为什么牺牲的人、受伤的人总是我？”

讨好型的人，内心独白往往是“我不值一提”“我不值得被爱”“我不可以冒犯任何人”“我永远不能让别人生气，因为所有的事情都是我的错”。所以，他们的人际交往和冲突处理原则是：只要你们高兴，我怎么样都行。

而事实上，他们的内心却经常会感觉到悲伤、焦虑、不满和无助。长此以往，那些被压抑的难过、冲突会转化为被动攻击，以生病或让对方内疚、担心、不舒服等方式表现出来。他们容易出现消化道疾病、肠胃问题、糖尿病、偏头痛、便秘等。

讨好型的咨询师或治疗师，也会经常遇到麻烦。他们会不自觉地取悦病人，甚至在非工作时间讨好病人、回复电话等等，有时候还会发展出相互依赖的关系，并维持很久。讨好型的咨询师和治疗师出现职业枯竭甚至自杀的比率也偏高。

很多朋友是讨好的类型，问我如何改变。

深层的改变要从安全感的重建和自我认同开始，而在日常行为上也可以尝试有所突破。比如：慢半拍开口，避免习惯性地说“好”；从点餐等简单的事着手，与最信任的人一起不断做练习，你表达、他否定，你再表达、他再否定，直到你能坦然面对他的否定而不觉得愧疚和自责。因为，表达是你的权利，而否定是他的权利。

指责型

指责型是一种与讨好型截然相反的姿态，指责型的人的信条是“我绝不可以表现出软弱”。他们为了保护自己，不断地打扰、指责他人以及环境，喜欢说“都是你的错”“如果不是因为你，我就不会有麻烦”“你从来没做对过一件事情”，而他们内心深处的独白是“只有让别人听我的，我才是有价值的”。

指责型的人经常会体验到愤怒、挫折、不满和对周遭的不信任，并且总是很害怕失去控制；同时，他们的内心又是脆弱和孤独的，只是不愿意承认，所以身体经常会表现出肌肉紧张、背部疼痛、高血压、关节炎等，而且很容易出事故。

有趣的是，讨好型的人常常会遇到指责型的人，两种类型就像天生一对，事实上是彼此的互动加强了对方的模式。同时，不少讨好型的人，往往对身边最亲近的人采取的却是指责型的模式。

在《给孩子一生的安全感》里，我专门讲过父母的五种沟通模式对孩子的影响。其中有一位妈妈的来信，最能说明这种现象。

我针对不同人群有不同模式：跟同事朋友、优秀的人、权威的人，一向是使用讨好型，怕周围人对我不满意，好像别人都认同他权威，他就真的什么都对，而我什么都不对。即使冲突中真的是对方不对，或者只是客观原因，需要沟通，我也一再隐忍，内心非常不痛快。而对孩子、丈夫等让我可以真实面对的人，我又会用指责型，一出口就是“你怎么怎么……”，为此夫妻关系曾经很糟糕。

习惯于指责的朋友，也可以先从行为入手做些小的改变。比如：当你要开口时，先做一个动作——右手握拳伸出来，再向前伸出食指、向上伸出大拇指，比一个开枪的动作；然后，慢慢地把食指收回来，让它指向你自己。这时你得到的手势是好的、棒的。试着用这样的心态讲话，把每句话开头的那个字从“你”变成“我”，听听有没有不同？

超理智型

超理智型的人漠视自己和他人的价值，而仅仅关注环境背景。他们既不允许自己，也不允许他人关注自己的感受，他们压抑并逃避感受。超理智型的人无论说话还是思考都力求尽善尽美，不断运用术语、细节及详细的描述，喜欢引经据典、罗列数据支持自己的观点，证明自己是永远正确的。为了绝对客观，他们会在语言上去掉个人色彩，比如不说“我今天觉得很冷”，而是说“今天天气很冷”。

超理智型的人通常会表现为：独裁、刻板、冷漠，总是喜欢给别人提建议，让周遭的人觉得他不近人情、很无聊。他们心里的想法是：“一切都该有一个对的标准，真理是解决问题最好的办法。”内心深处，他们的独白是：“我不能表现出任何感受，真理比我自己更有价值。”

超理智的人隔离自己的感受，所以经常会体会到孤单、孤立，生理上也经常会出现重症，比如癌症、心脏病、淋巴系统的疾病等等。

习惯了超理智方式的朋友，需要练习多关注自己和别人的感受，而不是一直用头脑判断。要多多用心，多用其他的感官，去听，去看，去感觉，提升和增强感受力，要相信人的价值远远高过刻板的标准。

打岔型

打岔型的人似乎一刻也停不下来，他们不断变换话题和想法，希望在同一时间做无数的事情，常常避重就轻。对打岔者来说，自己、环境和他人都没有任何价值。他们讲笑话、打断话题、词不达意、不愿意面对冲突和情绪。比如，当人们问他们现在怎样时，他们的回答也许是谈论天气或者是最近的体育比赛。而有的人，甚至在行为举止上同样无法集中注意力，常喜欢吹口哨、唱歌、眨眼，或者坐立不安等。

打岔型的人，心里的想法是："只要我转移话题，冲突可能就会解决掉。"而内心深处的独白是："没人关心我，没有属于我的地方。"所以，别人可能误以为他们是开心的，事实上，内心孤独、无归属的体验却会困扰他们，甚至会引发重度的心理疾病。身体方面，神经系统很容易出现状况，容易便秘，消化系统常有问题。

打岔型的改变是最困难的，因为习惯了"活在别处"，这样回避了很多痛苦和不愉快。要做到回到当下，可以先从观察环境和气氛开始，循序渐进。当然，有些极端的打岔型的人可能到了分裂的边缘，需要接受心理治疗和心理咨询。

表里一致型

前四种类型，都不是健康的沟通模式，既会导致沟而不通，也很难良好地应对冲突，甚至还会使冲突升级、恶化。

第五种沟通模式类型，叫作表里一致型。与前面四种类型对比，这是最为健康的一种，也是我们要共同去学习和努力的方向。我会在下文进行详细讲解。

23 为什么嘴巴说的并不是心里真正所想的

〈 一致性 〉

有位朋友很焦虑："我每次跟别人聊天的时候，展示的都是正向积极的情绪状态，但实际上心里也有很多负面的感受，不知道为什么，一聊天那些负面的东西就藏起来了。"

这个问题正好跟我们这里要了解的一致性沟通模式有关。

我们先用一个场景来复习一下前文讲过的四种沟通模式。

想象你早上急匆匆地赶地铁去上班，一不小心跟另一个急匆匆的人撞到了一起，这时你会怎么说呢？你可以从下面四个选项中选择。

- 对不起，都是我不好，是我太笨了！
- 真是的，都是你不好，没长眼睛吗？！
- 真是欲速则不达，看来要听古人的话！
- 唉，今天真的好热啊！

如果你选一，说明你较常用讨好型的沟通模式。讨好可能让你暂时躲开了跟他人的冲突，但自己内心的冲突会越积越多，会既委屈又无助，觉得自己真的不好，甚至发展到抑郁。

如果你选二，说明你较常用指责型的沟通模式。指责他人，可能引发更大的冲突，导致你的人际关系出现问题，婚恋情感、亲子养育等方面也会频频受挫。

如果你选三，说明你可能属于超理智型，引经据典可以显示你的博学，但不会带给你幸福。

如果你选四，说明你可能是打岔型，避重就轻、顾左右而言他的模式，会让你失去解决问题的机会，也会让他人无法真正了解你。

这四个选项，都没有与真实的自己在一起。无法或者不敢流露真实自我的人，往往会选择这四种沟通模式中的一种。

当然，你还有第五个选项，说：

◉哇，我们撞得不轻，对不起，我刚才走得太急了，撞痛你了没有？

如果你选这个，那么恭喜你，说明你是表里一致型的沟通模式，既不压抑自己，也不指责他人，让双方都有机会在互相尊重的氛围里解决问题。

什么是一致性的沟通呢？我们提到过沟通包含言语和非言语

两方面的信息。当一个人在用言语表达的时候，也会自动地表达出诸如表情、姿态、皮肤色泽、语音语调，以及呼吸频率等在内的多种非语言信息，这些非语言信息常常能够反映人们的真实状态。当人们的语言信息与非语言信息一致时，我们就称为“一致性的沟通”，又称为“表里一致的沟通”。

表里一致的沟通模式是一种高自尊的应对方式。它既是一种存在状态，也是一种与自我和他人进行沟通的方式。高自尊和表里一致，是检测一个人是否具有更加完善的机能的两项重要指标。

当我们处于表里一致时，既可以意识、觉察到自己的感受和体验（包括我们自身的感觉、解释，以及随后对这些感觉的感受），也能够承认、理解和接纳它们，并且能够表达它们；倾听我们的知觉和期望，并通过觉知我们深层的渴望，将外界和自身条件通过行动转化为满足我们需求的可靠方式，从而充分发挥我们的潜能，使我们的心身保持和谐、平衡的状态。

当我们决定做出一致性反应的时候，我们想到的不是去赢得胜利，不是去控制他人或者情境，也不是保卫自己、忽视他人的存在。一致性意味着我们选择成为真实的自己，选择与他人进行接触与沟通，并与他们建立直接的联系。我们会站在一个既考虑自己，又关心他人，同时也充分意识到当前情境的角度上，对问题做出反应。

表里一致的人，并不是一直很开心没有烦恼，也不是在任何情境中都表现得礼貌得体，而是顺应自然，根据不同的对象、情景和时间段的情况，采用灵活机动的应变方式，做出最优化的反应和应对。他们会深刻地明白：沟通不等于说服、不等于说教。他们的内心独白是："你好，我也好。"

表里一致不仅仅是一种沟通模式，还是一种完满的状态，是我们决定成为更加完善的个体的选择。你可以对照下面这些特点描述，来看一看自己在表里一致方面可以打几分。

- 欣赏自我的独特性。
- 能感受到流动在自己身体内部，以及人与人之间的和谐能量。
- 相信自己，也相信他人，具备充足的内在安全感。
- 愿意承担风险，不怕受攻击。
- 能够利用自身具有的内部资源和外部资源。
- 能对亲密关系保持开放的态度。
- 拥有能够成为真实的自己，并且接纳他人的自由。
- 爱自己也爱他人。
- 面对改变，具有开放和灵活的态度。
- 接纳世界的多元性，尊重不同的个性。

表里一致有下面三个层次。

第一层：接纳感受

包含觉察和接纳两个步骤。对应到个体内在冰山理论上，是感觉、期望、观念、渴望这四个点。

当处在第一层次时，我们既可以意识到自己的感受，也能够理解和接纳它们；这些感受属于我们自己，并且愿意在不带任何否定或是投射成分的基础上加工和处理它们。具体来说就是，沟通表里一致时，个体的言语和非言语信息（尤其是身体的反应）传递了相同的信息；反之，则传递出不同的或矛盾的信息。

例如：我们说自己不紧张，但是身体却感到紧绷和僵硬，就表明我们没有进行一致性的表达。所以，觉察身体的反应，并了解身体所传达信息的意义，是建立一致性的重要基础。

有的人会问："一致性沟通就是有什么就说什么吗？"其实不然，不是不可以说，而是在什么状态下说，用发泄的方式说，还是用平和的方式说。比如，聚会上，一个你不喜欢的人找你搭讪，如果你说"真讨厌，快走开"就是发泄；而如果你说"不好意思，我不太想聊天，你找别人试试"就是平和的一致性表达了。

第二层：深入自我

包含觉察、接纳和体验三个步骤。对应到个体内在冰山理论上，是"自我"这个层面上的自我中心化、完整与和谐。

处在第二层次时，人们处在一种注重内心感受的圆满状态。将注意的重点放在更深层次也是更内在的自我上。人们通过和谐、积极的方式展示自己的高自尊，同时能够与自己、与他人和平相处。

比如刚才的例子里，如果你进一步觉察，发现你不喜欢那个搭讪的人，是因为你的内心对那种类型的人有一种潜在的判断，认为他们轻浮浅薄的话，你就可以进一步选择：是继续保持这种判断，还是修通它，看到轻浮背后的故事。

第三层：生命力量

包含觉察、接纳和存在意义上的体验三个步骤。对应到个体内在冰山理论上，是“自我”这个层面上的灵性、核心与本质，也是人类共有的普遍性。

萨提亚认为，这一层是“与普遍存在的生命力保持和谐一致”。她说：“存在于宇宙当中的我们，已经触及一种能量，它来自地球中心，带给我们一种根基感；它来自天堂，带给我们自身的直觉。它在任何时刻都会静候在那里，等待我们去加以利用。”这些话听起来有些玄妙，其实也就是“天人合一、顺应自然”的意思。

表里一致的方式反应只不过是一种选择，而不是必须刻板遵守的规则。如果我们愿意在意识水平上做出这种选择，就需要我们充分地觉察、了解和接纳自我、他人和情境，并为自己负责。

表里一致，是人生获得大自在的必由之路。下面这八点，如果你能做到，就离表里一致的状态更进一步了。

- 直接回答问题，而不是防御性地回答问题："为什么你想知道这个？"
- 不断展示出因为成长而获得的新的生命活力。
- 提出自己的具体需求，而不是给出啰唆的原因或者其他的铺垫。
- 能够做出诚实的选择。
- 能够觉察、检验所接触的评论、想法、行为和情景，而不是先入为主地形成评判。
- 能够按照自己的意愿去尝试和冒险。
- 不断地对生活提出疑问，对任何新的可能性持开放的态度，不假装自己已经掌握全部的答案。
- 在面对任何新的可能性、选择及解决方式时，听从自己的直觉或者智慧的意见。

咨询师的表里一致，对来访者来说也同样至关重要。当来访者问"为什么"或者"我究竟怎样才能好起来"时，我经常会如实地说："我也不知道，我们一起来找找看好吗？"而每一次这么说的时候，都能够感觉到来访者不但没有变得更低落，反而还突然挺起了腰板，就像有一股神奇的力量开始在他们的身心之间上升一般。

24
明明想要变更好，为什么很难开始行动

〈　自我成长　〉

我们讲过，原生家庭不等于原罪家庭。那些因为爱得太用力、有条件的爱，或者匮乏的爱、不平等的爱而造成的伤害，看见它们、梳理它们，是为了我们重新在心田里开荒辟地，完成自我成长。

自我成长，无论父母爱或不爱，其实最终的责任都在我们自己身上。我们就从萨提亚的理论里，汲取一些成长的方法和力量。

为什么明明很颓废还是很难做出改变？明明知道自己的生活现状在他人看来很颓很没追求，就连自己也讨厌整日里散漫、无所事事的样子，尽管这样，对于学习，不管是课程，还是自己喜欢的东西，从来都是能拖就拖。给自己打鸡血啥的根本没有用，行动上还是老样子，每天淡定地混吃混喝……怎样才能真的开始改变？

在这位朋友的描述里，我看到两个重要信息。第一，“在他人看来很颓”；第二，“就连自己也讨厌”。这两个信息呈现的顺序，显示出这位朋友潜意识中，为了他人的看法而改变的成分比发自内心想要改变的成分占比更重。而这一点，恰恰是无法改变的根本原因所在。

因为，当我们期望自己的行为为了迎合外界的价值判断而改变的时候，潜意识里常常会同时升起一种阻抗，用我们听不见的声音说：“凭什么听他们的？为什么我不能做自己？”这个声音，你仔细回想一定不陌生，当小时候父母、老师们对你有所要求的时候，它就在那里了。

所以，要想真的变得更加积极有行动力，就需要做到表里一致。只有真正渴望积极的生活，而不是为了活给他人看的时候，你才能获得成长的力量。——**这个世界上只有一种改变是自然而然发生的，那就是成长。**

萨提亚从对关系的定义、对个体的定义、对事件的定义与对改变的态度这四个角度阐述了成长模式下的人是怎么发展的。下面，我来分享我的理解和感受。

首先看关系：成长模式下，关系中的人是相互平等的，具有同样的价值。角色只在某一阶段某种特殊关系下有作用，角色本身不等于人。

比如，我们都是父母的子女，但这只是角色，即使家庭关系对这个角色有伤害，也不意味着我们一辈子都只能生活在伤害之中。

再来看个体：成长模式下，每个人都是独一无二的，都有来自内部的力量和自我确定来定义自己，这个自己与他人之间，因为相同而有所连接，因为相异而有所成长。

比如，在海外的留学生们，因为相同的国籍、文化、生活背景等，大家彼此靠近、互相支持；又因为各自性格不同、能力不同、经历事件的不同等，大家可以相互学习、拓展自己。

接着看事件：成长模式下，每个事件都是彼此关联和叠加的，存在许多种应对和解决方式，每个人可以利用自己的标准和资源来选择恰当的方式。

比如，我最早的一位小助理，成都人，大学毕业后留在上海工作，但家人很希望她回到成都过更安逸的生活，而朋友们则认为“少不入川”，趁着年轻应该努力拼搏，何况不是每个人都有机会留在上海的。经过两年的工作体验，她发现自己本身也更喜欢慢节奏，职业锚也属于生活型，所以最终愉快地做出了离开上海的决定。

最后看改变：成长模式下，安全感是来自发展和变化中所获得的信心，会因为新的选择和资源而感到愉快和活力，而不是被动和痛苦。

比如，不知道怎样才能真的改变的那位朋友，如果为了符合外界的评价而改变，就会感到痛苦和不安；如果真正发掘出改变给自己带来的最大收益，而且这个收益是符合自己内在真实需要的，那么内心的阻抗和行为的拖延懒散就会慢慢消除。

要发掘出内在真实的需求和收益，需要先具备三种信念。

对人的信念

（1）我们都是同一生命力的明证，透过这股生命力相连接。简单来说，就是万物互联、万物一体。一位香港自然教育导师，因为工作原因无法经常陪太太，于是他想到一个好办法，每次出去都会给太太写一封情书，分享自己的所见所得。因为他相信，太太与他、与自然，是始终连接在一起的。

（2）人们因相同而有所连接，因相异而有所成长。这是萨提亚最重要的观点之一，可以教给大家如何看待和应对冲突。面对冲突，如果我们换个角度想：哇，原来还有这样的人、还有人会这样看待这个问题、人性还有这么多不同的侧面……我们就会升起一种“生而为人，我的经验更丰富了”的成长喜悦。

（3）父母常常在重复他们成长过程中熟悉的模式，而不是故意要伤害我们。当你意识到这一点，就可以从对原生家庭的怨恨和无助感中脱壳而出，与父母以独立和平等的人的身份相处，不再只是活在角色的痛苦里。

（4）大多数的人在任何时候都是尽其所能而为，即使结果差强人意。什么意思呢？比如，我经常会观察那些从偏远乡村初次来到大城市的人，在城里人来看，他们可能衣着“土气”，但其实他们已经尽自己的力量选择了最好最干净的衣服，而且经常会拉拉衣角、让自己看起来更精神些。每次我都会被他们感动，然后想到——那些我们看不顺眼的人或事的背后，可能都有着或有过这样一份郑重其事的尽力。看见每个人的努力，你的心会更柔软、更包容。

圆子上幼儿园的时候，老师和家委会经常组织爱心活动。有一次，大家去看望山里的贫困孩子，一个十来岁的孤儿提前知道了，硬是把别人送的肉留了三天，亲手煮给大家吃。肉已经有不新鲜的味道，就在大人们难以下咽的时候，却发现：平时吃饭挑三拣四的孩子们，蹲在支在地上的锅边，大口地吃了起来。大人们感动之余，开始反思：孩子们对人对事其实更接纳和包容，更接近本意，而真正需要被教育的是大人自己。

对应对的信念

（1）我们拥有所需的一切内在资源，以便成功地应对和成长。

（2）人们的应对通常是在痛苦经验中求生存的方式，每个人都可以对自己负责。我曾经在带领情绪管理的团体时做过一个游戏，让团体中的所有人在纸条上写下自己认为的最大烦恼，然后打乱放在一起，每个人再随机抽取一张。然后我问大家：如果世界上每个人都有烦恼，而烦恼可以互换的话，愿不愿意把自己的烦恼换成手上抽到的那个？结果，没有一个人愿意，因为他们发现：相比别人的烦恼，还是自己的烦恼要容易应对一些。

（3）问题并不是问题，如何应对问题才是问题。个人受到问题冲击的大小，在于此人看待这个问题的认真程度。

（4）应对是自我价值层次的展现，自我价值越高，则应对的方式越完整。

对改变的信念

（1）改变永远是有可能的，即使外在的改变有限，内在的改变仍是可能的。

（2）我们无法改变过去已发生的事件，但可以改变那些事件对我们所造成的冲击。

（3）“希望”是“改变”的重要成分。

（4）欣赏并接纳过去，可以增加我们管理现在的能力。

（5）迈向完整的目标之一即接受父母也是人，并在人性的层次而非角色的层次上与他们相遇。

基于萨提亚的成长模式与信念，我们可以确立四个大的自我成长目标，分别是：提高自我价值，做更好的选择，对自己更负责任，增强表里一致性。

25 如何读懂他人话语背后隐含的需要

〈 彩蛋 〉

萨提亚理论的重要观点中，不但藏着与情商有关的人生态度，也藏着很多切实可行的提高情商的方法。我们通过三个案例，来进一步学习有关提升情绪胜任力和一致性的具体方法与步骤。

一位朋友不知道怎么跟讨厌的人相处。他说：“工作原因不得不跟讨厌的同事相处，因为是每天都有工作往来的那种，完全不敢表现出来。搞得我一到上班就开始慌，明明很抗拒和他接触，却又生怕自己一不留神流露出内心的想法来，被他知道。要不要辞职？还是有别的办法能和他继续相处下去？”

这个问题，让我想到一位小来访者。

一位小来访者因为很讨厌班主任而不想上学，我问他：“你最讨厌班主任哪一点呢？”

他说：“她不公平！对女生好，对男生不好，觉得什么都是我们的错！而且，她从来不听我们说话，总是自以为是！”

我说：“嗯，听起来这些特点真是让人讨厌，所以你是不喜欢天天看见她身上的这些特点才不想去上学的？”

小来访者说：“对呀，如果她不当我们班主任就好了！”

我又说：“嗯，如果她不当班主任，你还会不会讨厌这些特点呢？”

他想了想说：“那就不会了，因为这些特点就跟我无关了呀，我讨厌她干什么？”

不知道你有没有在我们的对话里，找到解决问题的思路呢？

首先，我们先把“讨厌”的感觉具体化，将感觉聚焦在某些特点上，而不是整个人身上；其次，我们将特点和人分离开来看，意识到问题是问题、人是人，人不等于问题本身；接着，我们将问题和角色对应起来，让小来访者意识到，问题本身也不是问题，只是我们对角色的理解和对方有差异。比如，小来访者认为班主任就应该是公平公正的、应该善于倾听，而班主任则认为我是一班之主，必须权威、必须对男生更严厉，不管他们怎么说。

有了差异，就有了成长——小来访者很快就意识到，如果他自己做班主任，对男生也许比现在的班主任还要更严厉，因为男生确实太难管了。他还设想了另一种可能——偏袒男生，然后自己又总结说，那同样也不公平。

梳理完这些，我们想出了一个解决方案：把这些让人讨厌的特点打包，放进一个叫作“班主任”的角色袋子里，如果这个袋子扔过来，不要接招，而是让自己站到旁边，看一看扔袋子的那个人另外的部分，比如很认真、很负责、很想要学生们都好，而且因为用力过猛，把自己都快累趴了。小来访者说：“这个部分还行，没那么讨厌，还有点可怜。”最终，他选择了回到学校，带着同情心继续跟班主任相处。

同样，那位的朋友也可以按照上面的步骤来操作，问问自己究竟讨厌同事的哪一点，如果他不是同事而是路人，还会不会那么讨厌他？你讨厌的那一点，在你自己身上有没有？拿掉讨厌的部分后，你又会看见什么？

事实上，人最无法接受的是，在别人身上看见自己的问题。如果那个问题已经大到让你想要辞职，那么正是修炼自己的情绪胜任力、更好地了解自己的时候，而辞职，其实是在逃避你自己。

情绪胜任力，是指一个人表达和释放自己内心情感的能力。它是一种有建设性地识别、解释和回应自己与他人情绪的重要社会技能，包含有效管理和表达情绪的能力，以及对环境的适应和协调能力。

职场当中，情绪胜任力对个人生涯发展的影响占到67%，对于个人与组织都有重要的意义。它包含：自我觉察、自我管理、社会觉察及关系管理等。当这些部分充分发展和展示的时候，情绪智力，也就是通常说的情商才会显现。

具体来说，提升情绪胜任力有四大步要走。

第一步，觉察自己内在的情绪状态。在工作中尤其是在人际关系互动中，很快从自己的生理反应、感受经验及思维中，觉察出自己的情绪究竟是什么，然后区分出矛盾、复杂、多重的情绪，了解情绪的成因及其可能的影响力。

这个环节中，尤其要练习觉察自己对感受的感受。比如：当发现自己有了“讨厌”这种感受后，有的人会接着感受到不安和愧疚，觉得自己不应该讨厌别人；有的人则会接着感受到愤怒，觉得别人故意为难自己。对感受的不同感受，会带来行为和应对方式上的不同。

第二步，调节自己的情绪感受。指一个人能够有效排除自己的不良情绪，消除它对工作绩效产生的影响；同时也能够有效增加或提升自己的积极情绪，达成工作目标，甚至创造卓越的工作绩效。更进一步调节自己的情绪表达方式，能够针对工作中的线索、要求及目标，来减少、维持、增加，甚至改变特定情绪的表达。

第三步，知觉他人的情绪。能够解释他人情绪变化的原因，设身处地地站在他人的立场，体会他人的情绪感受，觉察出团体互动中所需的情绪规则，以了解自己如何表达情绪才算正确。

第四步，调节他人的情绪状态。协助他人达成目的，或促进自己达成目标。如果是管理者，还需要能够在自我激励的同时，也激励他人和团体。

有一位朋友不知道如何觉察家人的真实需要。他说："家人在处理一些内部事务的时候态度非常含蓄，比如下班以后妈妈托我回家路上带包冰糖，我忘记了，然后我妈一顿埋怨，我知错了也认了错，没有反驳。但晚饭的时候她说，'我刚才说了那么久，你怎么就不知道赶紧下楼买一袋？'我这才反应过来原来还有赶紧下楼买一袋的选项，也是真的没有意识到我妈话里面的意思。然后和女朋友相处的时候也有一样的问题。我想知道：为什么她们都不直接说，我能不能通过什么办法，让她们直接说出自己想要什么？要是办不到，我有什么办法可以觉察到家人的真实需要？"

关于第一个小问题，我们要知道，女性是在关系依存中建构自我的，而且习惯边感觉边思考边表达；而男性，同一时刻往往只做一件事，要么感觉，要么思考。对男性来说，没买冰糖就是没买冰糖，认错就是认错；而对女性来说，没买冰糖代表着你不重视她、不爱她、不守承诺，认错则代表着你已经猜到她心里在想什么、应该要马上行动。如果没有行动，就是更加严重的不重视和不爱……

读懂男女差异，哪怕是母子之间，也是提高情商和情绪胜任力的重要组成部分。在此基础上，不断练习读出对方行为背后的情绪，并且给予良好的回应，她们才有可能说出她们的需要。

比如，妈妈埋怨的时候，除了认错，还可以说："我刚才让您失望了，现在我可以为您做点什么呢？"——"我能为你做点什么"，这是一句很管用的话，不仅可以打开许多不直接表达需求的心，而且还能带给对方温暖、平复对方情绪，化解冲突。

关于第二个小问题，说明这位朋友是很重视家人的人，这点特别棒，因为，真诚是觉察自我和他人真实需要的重要前提。这时候，换位思考是第一步，凡事可以多问问自己"如果我站在她们的角度……"。第二步，读懂情绪背后的需求。比如，埋怨是因为需要被看见、被支持，怕自己的付出没有被珍视。第三步，学习一致性的表达。比如："您那么辛苦地给我们做饭，我却把您交代的事情忘了，我错了。您一生气我就紧张，不知道该怎么办了。"你猜妈妈听到会怎么说？她一定会说："还能怎么办？去买呀！"

真诚，比技巧更有用。比如，有次我在厦门出差，接机的师傅跟我聊他的幸福生活，我就顺便问了他同样的问题，问他怎么应对妈妈和妻子不愿直说的需求。他说："我就多做一些呗，里面总有一样是他们需要的。"

教给大家一个沟通小游戏，不断练习，就能渐渐走出沟通误区，养成一致性。

首先，邀请三位家人或朋友，分别扮演父亲、母亲、孩子。

每个人为自己取一个新名字，从讨好型、指责型、超理智型、打岔型这四种沟通模式中选择一种作为自己的沟通方式，可以相同也可以不同。

然后，每个人一边说出自己选择的沟通模式，一边用身体姿势把这种模式呈现出来，像雕塑一样保持一分钟，比如，超理智型的人双手抱拳、坐得板正；指责型的人，伸直手臂，用食指指向对方；讨好型的人，屈膝半蹲，抬头仰望着一个人；而打岔型的人则不停地动来动去。在这个过程中，用心地觉察自己和他人的感受。

接着，各自就座，选一个家庭里的冲突情景，用自己选择的沟通方式来对话五分钟。

最后，游戏结束，每个人讲一讲自己在扮演角色的过程中内心的感受，然后讨论一下，如果大家都用一致性的沟通模式，情况会有什么不同。如果你们愿意，可以立刻再来一场一致性沟通的表演，一边演，一边修正，直到大家都觉得舒服为止。

我还为大家准备了萨提亚集中意念的练习，帮助大家探究冰山最深处的核心。

○ 萨提亚集中意念的练习

1. 舒服地坐在一把椅子上，将你的脚平放于地板。轻轻地闭上眼睛，仅仅注意你的呼吸。

2. 现在，默默地走进你的内在，给自己一个欣赏的信息，这个欣赏听起来就像这样“我欣赏我自己”。这是用你的行动给予你精神的力量。

3. 接着，通过想象你自己的形象来肯定你与你的创造者之间的联系，保持呼吸。

4. 现在，进入你的内在更深的层次，找到埋藏着属于你的宝藏的地方。当你接近这个神圣的地方，关注你的所有财宝：你所具有的看、听、触摸、尝、闻、感觉、思考、运动、说、选择的能力。

5. 在每件财宝前停留足够长的时间，记住所有你使用这些财宝的时候，你现在是怎样使用它们的，了解它们在未来会带给你些什么。然后让自己记住这些财宝是你的一部分，只要你能认识到你所拥有的这些财宝，就不会感到无助。

6. 让自己记住你是这个宇宙中的一个生灵，你从不同的地方接受着能量：从地球的中心接受的能量，使你的能力是有根基、有意义的；来自天空的能量，带给你直觉、想象和灵感；还有来自他人的能量，这些人准备和你在一起或者已经和你在一起了。

7. 让自己自由地去看去听每一件事物，但是要选择适合你的那一个。然后你可以清晰地对适合你的那些事情说“是”，对不适合的事情说“不”。你将能够为自己和他人做积极的事情，而不是做消极的事情，比如打架。

8. 现在再来一次，让自己深呼吸，深呼吸。

这个练习可以反复进行，每当做这个练习的时候，都能一再感受到我是谁，得到机会去感受新的能量，这种能量就是你与生命的联系。